白水iクラシックス

ルソー・コレクション

政治

ジャン=ジャック・ルソー

川出良枝 選

遅塚忠躬・永見文雄 訳

白水社

ルソー・コレクション　政治

Jean-Jacques Rousseau
Projet de constitution pour la Corse
Considérations sur le gouvernement de Pologne

目次

凡例

一、ルソー・コレクションは、小社刊『ルソー全集』に改訳を加えたものである。使用されるテキストは、とくに指示されているものをのぞいて、*JEAN-JACQUES ROUSSEAU: ŒUVRES COMPLÈTES*, Bibliothèque de la Pléiade, N. R. F., éditon publiée sous la direction de Bernard Gagnebin et Marcel Raymond である。なお、異稿については訳注で言及される。

一、原注は原則として（1）（2）……のアラビア数字で示し、段落ごとに掲げる。

一、訳注は（一）（二）……の漢数字で示し、末尾に一括して掲げる。とくに指示がないかぎり、〔　〕は訳者によるものである。また八、一〇〇両頁の〔　〕はプレイヤード版にもとづく。

一、改訳に当たり、*Projet de constitution pour la Corse* は、『コルシカ憲法草案』から『コルシカ国制案』へと標題を改めている。

政治

いかに的を射た批判であっても、既存の政治体制の欠陥をただあげつらうだけでは何も始まらない。何をどう改革すべきなのか、改革をどう実現していくのか。具体的な代案を示してこそ、政治の議論は意味をもつ。『人間不平等起源論』における徹底的な文明批判の後、ルソーは改革のための方策を次々に打ち出していく。全員参加で契約を結び直すことによる理想の国家の建設（『社会契約論』）、新しい教育プログラムによる理想の人間の育成（『エミール』）がそれである。

だが、『社会契約論』は、あるべき国家の形を純粋な理念上で示すもので、更地に新しい都市を建造するかのような企てであった。描かれる政治体制の純粋な美しさは比類ないが、現実の改革はそうはいかない。多くの場合、それは旧市街を作り替える都市計画にならざるを得ず、積もり積もった障害や困難を除去し、活かせる部分は最大限に活用し、制約条件を考慮に入れながら新しい試みを断行するといった慎重かつ大胆な舵取りが要求される。こうした理想と現実の橋渡しという、まさに政治の醍醐味ともいえる試みが、本書に収録された二つの作品で示される。

舞台となるのがコルシカとポーランドであったということも重要である。両国とも列強の介入に苦しみ、国としての独立を不断に脅かされてきた。だが、ルソーは両国民の心にともる自由への愛に並々ならぬ期待をかける。「諸君は自由を愛している。諸君は自由にふさわしいのだ」（二〇三頁）。この愛があれば、外国の軛からも、専制権力の支配からも、社会的不平等がもたらす抑圧からも自由な、新しい国をつくることができる。ルソーにとって、自らの理想を現実化する絶好の機会であり、ここにおいて、改革者としてのルソーの真価が正面から問われている。

川出良枝

コルシカ国制案

遅塚　忠躬　訳

はじめに

コルシカにふさわしい統治のプランをつくってもらいたいという依頼を受けた。これは、人が考えているよりもずっと大変な仕事である。世界には、いかようにしても善き統治を受けられないような人民というものがいる。それは、その人民のもとには法がうまく根づかず、法なき統治は善き統治ではありえないからである。私は、コルシカ人民の場合がそうだと言っているのではない。むしろまったく逆である。コルシカの人民は、その本性からして、善き行政を受けるのにもっともふさわしいように思われる。だが、それだけでは、統治のプランをつくるにはまだ十分ではない。あらゆるものごとは、往々にして不可避的な弊害を伴っており、とくに、政治機構は、その設立にさいしてすぐにも弊害を生じがちであるから、それが設立されるとたちまち頽廃してしまうのであれば、わざわざそれを設立するには及ばないように思われる。

こういう不都合を防ぐために、人々は、さまざまな仕組みを設けて政府をその設立当初の状態のままに維持しようと望み、政府が頽廃の坂道をすべり落ちないように多くの鎖や枷《かせ》をはめる。だが、それほど多くの拘束を加えられると、政府は、その鎖の重みに圧しつぶされて、動きがとれずに不活発になってしまい、なるほど衰亡はしないかもしれないが、統治の目的を達することもできなくなってしまう。

およそこういう事態は、もともと不可分の二つのもの、つまり、統治体と被統治体とをあえて切り離してしまうところから生じている。この二つのものは、両者の設立の当初の本来の姿においては一つのものであるはずなのに、両者が分離されてしまうのは、その設立の仕方に過ちがあるからである。

世の賢者は、こういう場合、両者の調和の関係を考えて、被統治体たる国民に合わせて統治の形を決めようとする。しかし、それよりもずっといいやり方がある。それは、統治にふさわしいように国民を形づくる、ということである（一）。第一の方法では、国民はもとどおりのままでいるから、政府が衰退するにつれて、両者の調和は失われる。第二の方法では、政府と国民は同一歩調で変化し、国民はその力で政府を引っぱるから、国民が変わらなければ政府も変わらず、国民が衰退するときには政府も衰退させられる。こうすれば、両者はいつでも互いに調和している。

コルシカの人民は、善き体制の設立を可能ならしめるような好ましい状態にあり、彼らは、原点から出発して、頽廃しないための諸方策を講じることができる。活力と健康に満ちた彼らは、その活力と健康を維持してくれるような善き統治を受けるに値する。しかしながら、その体制を定めるに当たっては、すでにいくつかの障害が存在するにちがいない。コルシカの人々は、他の諸国民の持っている悪徳をまだ身につけてはいないが、すでにその偏見を取り入れている。善き体制を形づくるために、戦って破壊すべきは、それらの偏見なのである。

〔草案〕

コルシカ島は有利な位置にあり、その住民はすぐれた資質に恵まれているので、もし、コルシカの住民が自分たちの体制を定めるに当たってみずからの将来に深く思いを致すならば、やがて繁栄した国民になり、いずれはヨーロッパで大をなすことができるだろうという希望を抱いても、少しも不思議ではあるまい。ところが、四十年にわたる不断の戦争によって彼らははなはだ疲弊し、その島はいまや貧窮化して、人口の減少と荒廃の状態にあるので、この目的に沿って住民を開明化するのに必要なだけの行政機関を整備するための費用を、いますぐに負担することはできない。しかも、多くの克服しがたい障害が、この計画の実施を妨げるであろう。この島の海岸の一部と主要な港の大部分をいまなお制圧しているジェノヴァは、コルシカの人々の海上進出のもくろみをたちまち水泡に帰せしめるであろう。コルシカ人の海上進出は、ジェノヴァ人とバルバリ人の二重の危険にたえずさらされている。コルシカ人が海を制しようとすれば軍艦を持たねばならないが、そのための費用は、貿易によって得られる利益より十倍も高くつく。こうして、陸上でも海上でも敵にさらされ、いたるところでわが身を守らねばならないとすれば、コルシカ人はどうなることであろう。列強の意のままにされ、力が弱いためにいかなる有利な通商条約を結ぶこともできず、ただ周囲のすべての勢力の言いなりになる他はあるまい。こんなにも多くの危険のさなかでは、獲得しうる利益は、せいぜい、他国民なら見向きもしないであろう程度のものにすぎず、その利益とても、たちまち無に帰してしまうであろう。

仮に、思いがけない幸運に恵まれて、これらすべての困難を克服したとしても、繁栄は近隣諸国の食指をそそるから、その繁栄そのものが、彼らの未確立の自由にとってかえって新たな危険を招くであろう。彼らの島は、つねに、強大国にとっては貪欲の対象であり、弱小国にとっては羨望の対象であるから(五)、この島は、新たな隷属の危険にたえず脅かされ、ひとたび隷属に陥れば、もはやそこから脱出することはできないであろう。

いかなる意図をもってであれ、コルシカ国民がみずからを開明化しようと望むならば、第一になすべきことは、およそ可能なかぎりの堅実さを自分の手で身につけることである。他人に依存して自力で立ちえないような者は、自由ではありえない。人々のとり結ぶ同盟とか条約とか誓約とかいうたぐいのものは、弱者を強者に従わせることはあっても、強者を弱者に従わせることはけっしてない。それゆえ、離合集散のかけひきは列強にまかせておき、自分だけにしか頼らないようにしたまえ。勇敢なコルシカの人々よ、自分の実力は君たち自身が一番よく知っているだろう。友もなく、頼るべきものもなく、資金もなく、軍隊もなく、恐るべき支配者のもとに屈従させられながら、諸君だけが、彼らの軛《くびき》を払いのけたのである。諸君は見た。支配者が、諸君に敵対して、次から次へとヨーロッパのもっとも恐るべき暴君と手を結び、諸君の島を外国軍隊の洪水で満たすのを。だが諸君はそれらすべてに打ち勝った。諸君の堅忍不抜の精神こそが、金銭の力ではなしえないことをなしとげた。もしも、自分の財産を大事に守りたいなどと望んだならば、諸君は、自分の自由を失っていたことであろう。けっして、他の諸国民の例を引いてそれを諸君の国民に及ぼしてはならない。諸君自身の経験からひきだされた格律こそが、みずからを統治するにさいして諸君がのっとるべき最良の格律である。

大切なことは、諸君が現在の自分とは別のものになることではなく、現在の自分をそのまま保持する術《すべ》を知ることである。コルシカの人々は自由になって以来、多くのものを得た。勇気の上に慎重さを加え、同輩に従うことを学び、もろもろの美徳と品性を備えた。そして、彼らはまったく法を持っていない。もし、それでいて、現在の姿をそのまま保持し続けうるのであれば、私があえて何かをする必要はほとんどあるまい。しかしながら、彼らを団結させた外敵の危険が遠のくとき、その危険のおかげで回避されている派閥争いが彼らのあいだにふたたび生まれるであろう。そして、独立の維持のために自分たちの力を結集する代わりに、彼らは、その力をお互い同士の内紛に用い、ふたたび外敵が彼らを襲いに来るとき、もはや自衛のための力が残っていないということになるであろう。こういう事態の発生は、何としてでも予防しなければならない。コルシカ人を分裂させておくことは、彼らを弱体化させ従属化するためにその支配者たちが用いた常套手段であった。だが、この策略が不断に用いられた結果、習いは性となり、コルシカ人は、おのずから、猜疑心が強く騒乱をこととするようになってしまい、彼ら自身のリーダーによってさえも統治しがたいものになった。暴君の支配は、内部の和合への希望さえも打ち砕いてしまったが、その和合をふたたび回復するためには、善き法が必要であり、新しい体制の設立が必要である。コルシカは、外国の支配者に従属させられてはいても、その過酷な軛に黙って耐えていたのではけっしてなく、つねに反抗していた。いまや、そのコルシカの人民が、新たな試みに挑戦し、自由のなかで平和を求めなければならないときである。

それゆえ、私の考えでは、以下のことがコルシカ人の立法の基礎となるべき諸原則である。すなわち、できうるかぎりその人民とその国土を有効に利用すべきこと、自分自身の固有の力を養成し結集すべきこと、自分自身の力にしか頼らず、外国の勢力はないものと思ってそれを当てにしないこと、である。

わがコルシカの体制を設立するための格律を定めるに当たっては、以上を確認することから始めようではないか。

[六]コルシカ島は、貨幣の量において豊かになることはできないから、人間の数において豊かになる道を講じなければならない。人口から生じる力は、金銭から生じる力よりも現実的で、いっそう確実にその効果をもたらす。人間の腕は隠して使うことができないから、つねに公的な用途に向かう。だが、金銭はそうはならない。金銭は、流れて個人的な用途のなかで消えてしまう。ある目的のために金銭を集めても、別の目的にそれが流用される。たとえば、人民は、身を守ってもらおうと思ってカネをさしだすが、そのさしだしたカネは人民を抑圧するのに役立ってしまう。こうして、貨幣において富める国はつねに弱く、人間において富める国はつねに強い、ということになる。

[七]人間をふやすためには、食糧をふやさねばならず、したがって、農業を振興しなければならない。私がここで言おうとしているのは、農業の小手先をいじることに熱中したり、農業についておしゃべりするアカデミーを設立したり、農書をいくつも著わしたり、といった技術的なことではない。[八]私が言いたいのは、次のような体制、つまり、人民がその国土の全表面に行きわたり、そこに定着し、国土をすみずみまで耕作し、田園の生活と田園の労働を愛し、農村の内部で生活必需品も生活の楽しみもともにたっぷり手に入り、そこを離れたいとは夢にも思わない、そういう状態をもたらすような体制である。

農業の愛好は、たんに食糧を増産する点だけでなく、子供をいっそう多く生む体質と気風を国民全体に賦与する点でも、人口の増加に好都合である。どんな国でも、農村の住民は都市の住民よりも多産であるが、それは、より善い体格をもたらす農村の簡素な生活によって、または放埒や淫蕩を防ぐ労働への精励によってである。というのは、他の条件がすべて等しいとすれば、もっとも貞淑な女性、つまり、多淫によって興奮しすぎることのない女性のほうが、そうでない女性よりも多くの子供を生むからであり、また同様に、勤勉な労働によって節制を守る男性のほうが、有閑の必然的結果たる放蕩によって無気力になった男性よりも生殖に適しているからである(九)。

農民は、都市民がその都市に結びついているよりもはるかに強く、その土地に結びついている。田園の穏やかで簡素な生活は、他の生活をまったく知らない人々にとって、その生活を変えたいなどという気持ちを起こさせないだけの魅力を持っている。そこから、自分の状態に対する満足が生まれ、それが人を平和的にする。またそこから、祖国への愛情が生まれ、それが人を自国の体制に強く結びつける。

土地を耕すことは、辛抱強く頑健な人間を形成し、それは善き兵士となるのに必要な資質である。都市で徴募された兵士は、文句ばかり多くてだらしがない。彼らは、戦争の労苦に耐えることができず、行軍の途中で脱走し、病気になればすぐへたばり、お互い同士で争いながら、敵の前では逃げだしてしまう。農村で選抜され訓練を受けた民兵が、もっとも頼りになる最良の部隊である。農民として耕作にいそしむことこそが、兵士にとっての最良の訓練なのである。

一国家をして、他の諸国から独立した地位を保持し続けることを可能ならしめる唯一の手段、それは農業である。たとえ諸君が世界のあらゆる富を持とうとも、みずからを養うべき食糧を持たないならば、諸君は他国に依存せざるをえない。諸君の隣人は、いくらでも待つことができるから、諸君の持っている貨幣の価値を好きなだけ安くしてしまうことができる。これに対して、一日も欠かすことのできないパンは、われわれにとって無限の価値を持つから、それにどんな高価値がつけられても、それを値切ることはできない。どんな種類の商業においても、急いでいる者はつねに急いでいない者の言いなりになる他はない。もちろん、ある種の金融制度においては、以上とは違った観点からの操作が必要であろうことは私も認める。何を最終目標とするかによって、すべては決まってくる。商業が富をもたらすのに対して、農業は自由を確保する。

富も自由もともに持つほうがいいではないか、と反論する人もいるだろう。だが、のちに述べるように、この両者は両立しえない。どんな国でも人は土地を耕している、とつけ加えて言う人もいよう。なるほどそのとおりである。どんな国にも商業があり、どこでも人は多かれ少なかれ取引をやっており、それと同様にどこでも人は土地を耕している。そのことは私も認めよう。だが、そのことは、どこにおいても農業と商業がともに繁栄しているということを意味するのではない。私がここで検討しているのは、事情の必要に迫られて生じていることがらではなく、統治のあり方と国民の一般的気風から結果してくることがらである。

ある人民がどういう統治の形態をとるかは、真の選択によって決められるよりも、むしろしばしば、偶然や運命によって決まるかもしれない。そうだとしても、やはり、それぞれの国の自然と土地にはいくつかの特質が備わっており、その特質のゆえに、その国にとっては、ある統治のほうが他の統治よりもいっそうよく適合するということになる。(一〇) そして、統治のそれぞれの形態は、それぞれ特有の力をもって、人民を、ある職業へまたは他の職業へと向かわしめる。

　われわれが選び取るべき統治の形態は、一方で、もっとも経費のかからないものでなければならぬ。なぜなら、コルシカは貧しいからである。他方で、それは、農業にもっとも好都合なものでなければならぬ。なぜなら、現在のところ、農業こそが、コルシカ人民に、獲得したばかりの独立を保持せしめ、彼らの必要とする堅実さを与えうるような、唯一の職業だからである。

　もっとも経費のかからない統治というのは、もっとも少ない手順を経て行なわれ、さまざまな身分の数をもっとも少なくさせるような統治のことである。そのような統治は、一般的に言えば共和政であり、特に限定して言えば民主政体である。

　農業にもっとも好都合な統治というのは、その権力がどこか一地点に集中されることがけっしてなく、したがって、人民の過密や過疎をもたらさず、人民を国土の上に均等に分散させるような統治のことである。そのような統治は、民主政である。

　以上の諸原理のまことに顕著な適用例は、スイスにおいて見られる。スイスは、概して貧しく不毛な国である。その統治は、どのカントンでも共和政である。だが、ベルン、ソルール、フリブールのような、他よりも肥沃なカントンでは、統治は寡頭支配的《アリストクラティック》である。もっと貧しいところ、つまり、耕作の労多くして功少ないカントンでは、統治は民主的である。この国家は、もっとも簡素な統治のもとで存続するのに必要なものしか持っていない。いまの統治形態と少しでも違う統治のもとに置かれれば、この国家は力尽きて滅んでしまうであろう。

より肥沃でより温暖な気候に恵まれたコルシカは、より経費のかかる統治を維持することもできる、と人は言うかもしれない。別の時代ならばそのとおりであろう。だが、今日、長い隷属によって打ちひしがれ、長い戦争によって荒廃させられ、国民は、何よりもまず自己を再建する必要に迫られている。やがて、コルシカ国民がその肥沃な土地の開発に成功するとき、彼らは、さらに繁栄することを望み、もっと派手な統治形態をとることもできるであろう。さらに言えば次のごとくである。最初の体制の設立が成功すれば、続いて、その体制の変更が必然化されよう。田園の耕作は精神をも開発する。耕作者たる人民はすべて人口がふえる。その人口は、その土地の生産物と同じ割合で増加する。そして、その土地が肥沃なとき、その人民はついにあまりにもふえすぎるので、その土地も彼らにとってはもはや十分ではなくなる。そうなると、彼らは、植民地を建設するか、国土が住民で満ちあふれると、その過剰人口は、もはや農耕に就業できないから、工業や商業や工芸などに就業しなければならない。そして、この新しい分業体系は、いままでとは別の統治を必要とするにいたる。コルシカが設立しようとしている体制が成功して、やがて、その体制をこのように変更する必要が生じるならば、それはもちろん慶賀すべきであろう。しかしながら、コルシカの国土ではもはや養えないほどに人口がふえてしまうまでは、換言すれば、島内に未開墾地が一坪でも残っているうちは、コルシカは、農本的な体制を堅持すべきであり、その体制を維持するには島が狭すぎるという事態が生じないかぎり、農本的な体制を変更してはならない。

農本的な体制は、先に述べたように、民主政体と不可分である。してみれば、われわれが選択すべき統治形態はもう決まっている。もちろん、民主政の実施に当たっては、島の大きさにかんがみて、若干の修正が必要である。けだし、純粋に民主的な統治というのは、一国民に適するよりはむしろ一小都市に適するからである。一都市の全住民の集会を開くことはできても、一国の全人民を集めることはできまい。そして、国が広すぎるからといって最高権力が代議員にゆだねられるならば、統治の性格は変わって寡頭支配的になってしまう。それゆえ、コルシカに適する統治は、人民がいくつかの部分ごとに集まって集会を開き、かつ、人民の権力の受託者が頻繁に交替させられるような、いわば混合政体である。これは、一七六四年にヴェスコヴァドで書かれた論文の著者が炯眼にも洞察していたところであって（一一）、その論文はきわめてすぐれたものであるから、この私の論考で説明しえていないすべての点について、読者はその論文を十分に信頼して参照することができる（一二）。

以上で述べた混合政体がうまく設立されるならば、そこからは、二つの大きな利点が生じるであろう。その一つは、行政を少数の人々だけに委託しておけるということであり、それは、開明的な人材の選任を可能ならしめるものである。もう一つの利点は、国家のすべての構成員を最高権力に参与させうるということであり、それは、全人民を完全に平等な水準に置くことによって、全人民をして、コルシカ島の全表面にわたって拡散することを可能ならしめ、その島にあまねく均等に定住することを可能ならしめるものである。この点こそが、われわれの体制の設立にさいしての基本的格律である。この格律を堅持して、あまねく均衡のとれた人口の分布を維持するような体制を設立しようではないか。そうすることによってのみ、われわれは、われわれの体制を可能なかぎり完全なものにしたということになるであろう。この格律でよいということになれば、われわれの行為の準則は明瞭になり、われわれの仕事は驚くほど単純なものになる（一三）。

われわれの仕事の一部分は、実はすでにすんでいる。われわれは、破壊すべき多くの制度を持っているというよりは、むしろ、打破すべきいくつかの偏見を持っているにすぎず、われわれの課題は、変更することであるよりは、むしろ、完成させることである。実は、ジェノヴァ人自身が、諸君の体制の設立を準備してくれたのであり、天の摂理とも言うべき配慮によって、彼らは、自分たちの専制を強化すると信じながら、諸君の自由の基礎を築いてくれたのである。彼らは、諸君からほとんどすべての商業を奪ったが、実のところ、現在は商業を持つべきときではない。もしも、海外へ向かって通商が開かれていたならば、諸君の体制が確立して島内の開発が完了するまで、諸君は通商を禁止しなければならなかったであろう。彼らは、諸君の物資の輸出を妨害した。だが、諸君にとっての利益は、物資が輸出されることではけっしてなく、その物資を消費するのに十分なだけ島内の人口がふえることである。

彼らジェノヴァ人は、租税の徴収と命令の実行を容易ならしめるために、コルシカ独自の行政管区と裁判管区を創設ないし保存したが、これらの区画こそは、同時に同じ場所で集会を開くことのできない人民のもとにおいて、民主政を樹立するために利用しうる唯一の手段である。それらの区画は、また、軛のもとに縛りつけられやすい都市から地方を切り離して、地方の独立を維持するために用いうる唯一の手段でもある。彼らはまた、コルシカの貴族身分を破滅させ、その権威と爵位を奪い、大きな封地を消滅させることに専念した。この、貴族を滅ぼすという仕事のなかでも、とくに憎まれ役の部分を、彼らが引き受けてくれたということは、諸君にとって幸いなことである。もしも、諸君がやる前に彼らがこの仕事をやっていてくれなかったならば、諸君はおそらくこの仕事をなしえなかったであろう。彼らの着手した仕事を完成させるのにけっして躊躇してはならない。彼らは、自分のために働くと信じながら、実は諸君のために働いていたのである。ただ、その仕事の目的だけがまったく異なっている。けだし、ジェノヴァ人の目的は、コルシカの貴族を滅ぼすことそれ自体にあり、諸君の目的は、そこから生じる効果にあるからである。彼らが望んだのは、ただ、コルシカの貴族を卑賤にすることだけであったが、諸君が望んでいるのは、貴族を滅ぼすことによって国民全体を高貴にすることである(一四)。

以上の点について、コルシカの人々はまだ完全な理解に達していないと私は思う。彼らの作成したすべての陳情書や、彼らのエクス゠ラ゠シャペルの抗議文(一五)のなかで、彼らは、ジェノヴァがコルシカの貴族身分を弱体化させ、あるいはむしろそれを破滅させた、という苦情を述べた。それは、なるほど苦情の種ではあったろうが、不幸なことではなかった。それは、反対に、彼らの利益であり、それなしには彼らは自由であり続けることができないであろう。

国家の威厳がその若干の構成員の爵位の内にあると思うことは、あたかも、影を実体と思いこむようなものである。コルシカ王国がジェノヴァに服属していたときには、侯爵だの伯爵だのという有爵貴族は、いわばジェノヴァ共和国に対してコルシカ人民を代弁する媒介者として役立つこともあったであろうから、それらの貴族の存在はコルシカにとって有益でもありえた。しかしながら、いまとなっては、保護者と称するこれらの貴族は、一体だれに対してコルシカ人民の保護者としての役割を果たしてくれると言うのだろう。彼ら貴族は、人民を暴政から守ってくれるどころか自分自身で人民を横領し、その誅求や内紛によって人民を荒廃させ、結局、彼らの内の一人が、他の貴族を屈服させたのちに、すべての同国市民を臣下にしてしまうだけではないか。

　二種類の貴族身分を区別する必要がある。第一は、君主政に特有な封建的貴族身分であり、第二は、寡頭支配制《アリストクラスィー》に特有な政治的貴族身分である。第一の貴族身分は、内にいくつもの等級や位階を含み、あるものは有爵で他のものは無爵であって、上は大諸侯から下は一介の郷士にまでいたる。この貴族身分の諸権利は、世襲的であるとはいえ、いわば、それぞれの個人に属する個別的なものであって、それぞれの貴族の家柄に付属しており、各自の諸権利はお互いにまったく別々に独立している。結果、諸権利が国家の基本的構成や主権からさえも独立しているほどである。これに対して、第二の貴族身分は、ただ一つの不可分の団体のなかに統合されており、そのすべての諸権利は、その団体に属するのであって、その構成員に属するのではない。この第二の貴族身分は、その属する政治体のきわめて本質的な一部分を構成しているので、この貴族身分はその政治体なしには存続しえず、また、その政治体もこの貴族身分なしには存続しえないほどである。そして、この貴族身分を構成しているすべての個人は、生まれながらにして、肩書においても、特権においても、権力においても、お互いに平等であり、貴族という共通の称号のもとに融合しあっている。

　コルシカの旧貴族身分は、さまざまな爵位や肩書を帯び、また、所有する封地は、主権に近いほど強い諸権利を持っていたのであるから、それらの点から見ても明らかなように、先の第一の種類の貴族身分に属しており、その貴族たるの起源は、モール人（一六）またはフランス人の征服者に由来するか、あるいは、ローマ教皇によってコルシカ島を授けられた君主に由来していた。さて、この種類の貴族身分は、民主政共和国ないし混合政共和国（一七）に適合することはほとんど不可能であり、同じく、寡頭支配制に適合することさえもできない。なぜなら、寡頭支配制は、団体の諸権利のみを認めるのであって、個人的な諸権利を認めないからである。民主政は、まず美徳こそが高貴で次いで自由が高貴であることを知っているが、それ以外には高貴な身分などというものを知らない。同じく、寡頭支配制は、団体の権威以外には高貴なものを知らない。およそ政治体の基本的構成にとって無縁なものは、政治体から入念に排除されねばならない。それゆえ、侯爵だの伯爵だのという、無冠の市民の品位を汚すようなすべての肩書は、他の諸国にまかせておきたまえ（一八）。諸君の体制の基本法は平等でなければならない。すべてがこの平等の原理に立脚すべきであり、権力といえどもその例外ではない。すなわち、権力は、ただ、平等を擁護するためにのみ樹立される。すべては、生得の権利によって平等でなければならない。国家はただ、功績や美徳や祖国への奉仕に対してしか、特別待遇を与えるべきではない。そして、その特別待遇の根拠となっている特性が世襲的でありえないのと同時に、その特別待遇もまた世襲的であってはならない。家柄だの貴族身分だのという無用の差別を設けることなしに国民に等級をつけるにはどうすればよいか、その点についてはのちにふれることにしよう。

　以上のゆえをもって、先に廃止されたすべての封地、臣従礼、年貢、封建的諸権利などは、永久に廃止される。そして、それらの内でまだ存続しているものについては、国家がそれらを買い戻すのがよい。こうして、コルシカ島の全域にわたって、領主のあらゆる資格とあらゆる権利が、将来にわたって消滅し廃絶されることになろう（一九）。

　われわれは、諸個人のあいだに平等を樹立することを課題としているが、それと同様に、国家の各地域についても、そのあらゆる部分のあいだに、できるかぎり平等な水準が保たれねばならない。そのためには、地区や行政管区、裁判管区の境界を調整して、現存する極端な不平等を減少させる必要がある。たとえば、バスティアとネッビオの一郡だけで、カポ＝コルソ、アッレリア、ポルト＝ヴェッキオ、サルテネ、ヴィーコ、カルヴィ、アルガリオーラの七郡と同じくらいの住民がいる。アジャクシオ郡は、近隣四郡よりも多くの住民がいる。境界をすっかり取り払ったり管轄をすっかり変えたりしなくても、若干の手直しをするだけで、こうしたひどい不均衡を是正することができる。たとえば、封地の廃止によって、カナリ、ブランド、ノンツァの封地を併せて一つの新しい裁判管区をつくることが容易になったが、それにピエトラ＝ブーニョ行政管区を加えれば、カポ＝コルソ裁判管区とほとんど等しくなるであろう。サルテネ郡は、イストリアの封地を併せても、まだコルテ郡には及ばないかもしれない。そして、バスティアとネッビオの郡は、そこから一行政管区を差し引いて二つの裁判管区に分割してもまだずっと大きすぎるから、そこからグオロを分離することができよう(一〇)。以上は、私の言いたいことを理解してもらうための一例にすぎない。けだし、私はコルシカの地方事情にうといから、断定的なことは言えないのである。

これらの若干の手直しによってコルシカ島——私はこの島がいまや完全に自由だと思っているのだが(一一)——は、極端な不均衡を是正された十二の裁判管区に分割されうるであろう。とりわけ、都市の特権を然るべく縮小することによって、裁判管区内での都市の比重を軽くするようにすれば、不均衡の是正はさらに進むであろう。

都市は、国内に商業や工業を育成しようとする場合にはその度合に応じて有用でもあろうが、われわれの採用した体制にとっては有害である。都市の住民のなかには耕作に従事する者もいようが、それ以外は有閑人である。さて、耕作なら、都市の住民よりも開拓農民のほうがつねによりよくこれを行なう。そして、今日までコルシカを害して来たすべての悪徳は、他ならぬこの有閑に由来するのである。町人《ブルジョワ》の愚かな傲慢は、農民を堕落させ、その活力をくじくばかりである。柔弱な生活を送る町人は、遊惰のそそる情欲に身をゆだねて放蕩にふけり、遊興心を満たすためには節操をも売る。利欲の念が彼らを卑屈にし、怠惰が彼らをいらいらさせるので、彼らは、奴隷であるか反抗的であるかどちらかであって、けっして自由ではない。町人と農民のこの相違は、先の戦争の全期間を通じて、またコルシカ国民がその鉄鎖を打ち砕いてからのちも、はっきりと感じられた。革命をなしとげたのは、諸君の地方行政管区の人々の活力であり、革命を支えたのもまた彼らの強靱さである。どんな逆境にあってもくじけないこの不屈の勇気は、地方行政管区から諸君にもたらされたのである。金銭ずくで動く人間たちの住む都市は、ジェノヴァ人がたくみに餌としてちらつかせたわずかばかりの特権を保持するために、自国民を売り渡した。そして、この卑劣な振舞のゆえに天罰を受けた都市は、いまなお暴君の巣窟としてその専制支配を受け続けている。他方、すでにコルシカ人民は、みずからの血をもってあがなった自由を、栄光とともに享受している。

耕作者たる人民が、都会生活にあこがれたり、そこに住む怠け者の境遇をうらやんだりするようなことは、けっしてあってはならない。したがって、都市の居住者に何らかの便宜を供与してこれを優遇してはならない。そういう便宜の供与は、一般の住民と国民の自由にとって有害である。耕作農民が、生まれながらにして何者かの下風に立つようなことがあってはならない。耕作農民の上位には、ただ、法とその執行者たる行政官のみがあり、しかも耕作農民は、その知性と廉直さが行政官たるにふさわしい場合には、みずから行政官になることができなければならない。一言で言えば、都市とその住民は、封地とその所有者の場合と同様に、いかなる排他的な特権をも保持してはならない。この島全体が、同じ権利を享受し同じ負担を負って、ひとしく、この国の言葉で「共同地」（二二）と呼ばれるものになるべきである。

さて、都市が有害であるとすれば、首都はさらにいっそう有害である。首都は、いわば一つの深淵のようなものであって、ほとんどすべての国民が、そこに赴いて、その醇風、戒律、勇気、そして自由を失ってしまう。大都市は、大量の物資を消費するから、農業の繁栄をもたらすものだと、人は思いこみがちである。ところが、大都市は、物資を消費する以上に、もっと多くの耕作者を吸いこんで消滅させてしまう。というのは、一つには、何かもっといい職業につきたいという欲望が耕作者をひきつけるからであり、また一つには、町人《ブルジョワ》という人種が自然に繁殖力を失って消耗してしまうそのあとを、農村からの人口流入がつねに補充しているからである。首都の周辺には、吸い寄せられた人間の活気があるが、そこから遠ざかれば遠ざかるほど、人気《ひとけ》が消えて荒涼となってしまう。首都からは、悪疫の毒気がたえず発散し、それが、国民をむしばみ、ついには破滅させてしまうのである。

しかしながら、統治には一つの中心、つまり、すべての連絡が結集する点が必要である。行政府をあちこち移動させるというのは、あまりにも不便であろう。行政府を郡から郡へと巡回させるためには、この島をいくつかの小さな邦に分割して連邦組織にし、それぞれの邦が順番にその連邦を主宰する、という体制をとらなければなるまい。だが、そういう体制は、国家機構の運営を複雑化し、諸部門のあいだに齟齬をもたらすであろう。コルシカ島は、そういう分割を必要とするほどに大きくはないし、かといって、首都なしですませるにはあまりにも大きすぎる。だが、首都を設けるにしても、それは、すべての裁判管区の連絡所になるべきであって、地方の人民をそこに引き寄せるようなものであってはならない。つまり、それは、すべてがそこに通じていながら、それぞれの事物はもとの場所にとどまっている、というものでなければならない。一言で言えば、最高政庁の所在地は、首都というよりもむしろ中心市でなければならない。

以上の問題については、まったくのやむにやまれぬ事情で国民の選択の方向を決めることになったが、幸い、その方向は、理性のみによって決定する場合の方向と一致した。依然として主要な港を制圧しているジェノヴァ人は、コルシカの中心市にふさわしい場所としてコルテの町しか諸君の手中に残しておかなかったが、そのコルテの町は、バスティア市がジェノヴァ人の統治にとって好都合であったのと同様、コルシカ人による統治にとってまことに好都合な位置を占めている。コルテの町は、この島のちょうど中央に位置し、どの海岸からもほとんど等距離にある。その町は、「山のこちら側」と「山のあちら側」という二大区分（一三）のちょうど中間にあって、どこからでも等しい到達距離にある。また、この町は、海から遠いので、外国人の流入を受ける場合にくらべれば、ずっと長期にわたって、この住民の素朴で廉直な醇風美俗と国民的特性を保持し続けるであろう。そして、この町は、島で一番高い部分にあり、きわめて健康的な空気に恵まれているが、土地は肥沃でなく、多くの河川の水源の近くに位置している。そういう地理的条件のために、さまざまな物資がこの町に到着するのは大変困難であり、この町が大きくなりすぎる心配はまったくない。以上のような条件に加えて、国家のいかなる重要な役職も世襲にせず、終身にさえもしないという予防措置を講じておくならば、役人はこの町に一時的に居住するにすぎないから、役人が、諸国家をして槿花一朝の夢たらしめるあの不吉な栄華を長くこの町にもたらすようなことはあるまいと思われる。

これが、コルシカ島の地理を一瞥したときに私の念頭に浮かんだ最初の考えである。ここで、統治の細部について詳しく論じるよりも前に、まず、統治のなすべきことは何か、また、それはいかなる格律にもとづいて行なわれるべきであるか、ということの検討から始めなければならない。それを検討することが、統治の影響について最終的な判断を下すに当たって必要なことである。なぜならば、統治のそれぞれの形態は、その形態上、本来的で固有な根本原理を持ち、その原理からけっして離れることができないからである。

（二四）われわれがこれまでに述べたところは、いわば、国土をできるだけ均等に地ならしするということであった。いまや、われわれの課題は、その土台の上に構築すべき建物の設計図を引くことである。そのさい、われわれが従うべき第一の準則は、国民的性格ということである。およそどんな人民でも、国民的性格を持っており、あるいはそれを持つべきである。もしそれを欠いている人民があれば、まずもってそれを彼らに賦与することから始めなければなるまい。島国の人々は、他の民族と混血したり融合したりすることがとりわけ少ないから、いっそう著しい国民的性格を持っているのが通例である。とくにコルシカの人々は、本来的に、きわめて顕著な国民的性格を持っている。そして、彼らの国民的性格は、隷属状態と専制支配によってひどくゆがめられ、しかと見分けがつかないようになってしまったが、その代わりに、彼らが外界から孤立した位置を占めていることのおかげで、その国民的性格をふたたび建てなおして保存することもまた容易である。

ディオドロスが述べているように（二五）、コルシカの島は、山がちで、森林に富み、大河にうるおされている。住民は、その国土が彼らにたっぷりと供給してくれる乳と蜜と肉で体を養っている。彼らは、他の野蛮人よりもいっそう厳格に、正義と人道の諸原則をお互いに尊重しあっている。山のなかや木の洞《うろ》で蜜を最初に発見した者は、何びとによってもそれを横取りされないように保障されている。人々は、自分の羊にそれぞれ自分の印をつけてから野原に放牧しておき、だれもその番をしている者はいないが、それでも彼らは、いつでも確実に自分の羊をふたたび手にすることができる。これと同様な公正の精神が、生活のあらゆる場において彼らを導いているように思われる。

　こういうもっとも平明な叙述のなかで、大歴史家は、自分で理屈をつけたりしなくても、彼の物語るそれぞれの事実のよってきたるゆえんを読者に納得させることができるのである。

　ある国が入植者によって住まわれているのではないならば、その国の住民の本源的な性格が生まれるのはその土地の性質からである。荒れて起伏が多く耕しにくい土地は、人間の食糧よりはむしろ家畜の食糧を多く供給するであろうから、そういう場所では、耕地が少なく牧場が多いということになろう。そこから、家畜の増殖と牧畜生活が生まれる。各人の所有する羊群は、山々をさまよい歩いて、ごちゃごちゃにまざり合ってしまう。蜜は、最初の占有者がつけた印の他にはだれのものか判定する手がかりがない。こうして、所有権は、みんなの信義がなければ樹立されることも維持されることもできない。そして、みんなが公正であることが絶対に必要であり、そうでなければ、だれも何も持つことができず、国民は滅びてしまうであろう。

　山々、森林、河川、そして牧場。スイスの情景の描写を読んでいるような気がしないだろうか。事実、ディオドロスがコルシカ人のもとで認めたのと同じ性格が、かつてはスイス人のもとで見られた。それはすなわち、公正、人道、誠実である。相違があるとすれば、それは、いっそう厳しい気候のもとに住むスイス人のほうがさらに勤勉だったということである。彼らは、六か月ものあいだ雪のなかに閉じこめられるので、冬に備えて物資を貯えることを余儀なくされたし、また、岩の上に散らばって住んでいたので、それを耕すには大変な苦労を必要としたが、その苦労が彼らを強健にしたのである。不断の労働にいそしむ彼らは、情念に身をゆだねている暇がなかった。交通はつねに困難であり、雪と氷ですっかり閉じこめられてしまえば、各人は、その小屋のなかで、自分だけで、またその家族だけで、自給自足することを余儀なくされた。そこから、心ゆたかで素朴な産業が生まれた。各人が、その家のなかで、すべての必要な技術の腕をふるっていた。だれでもが、石工であり、大工であり、指物師であり、車大工であった。彼らは、河川や渓流によってお互いに隔てられていたので、かえって、隣人に頼らずに生きてゆく手段をおのおのが身につけた。製材所や鍛鉄場や製粉場がふえるにつれて、彼らは、水流を調節して水車をまわしたり灌漑を拡げたりすることを学んだ。このようにして、絶壁と渓谷のただなかにあって、各人は、自分の土地の上で生きつつ、その土地から自分の必要とする一切のものをひきだし、その土地で悠々と暮らし、それ以上は何も望まない、という状態になった。利害や欲求が錯綜することはけっしてなく、何ものも隣人に依存することがないので、万人は、お互いに、好意と友愛の関係だけをとり結ぶことになった。彼らのあまたの家族のもとにおいては、たくまずして和合と平和が支配していたので、お互いに相談しなければならないことといえば、せいぜい結婚をとり決めることくらいのものであった。その結婚にさいしては、お互いの愛情だけが尊重され、野心によって結婚がとり決められたり、利害や不釣合いによって結婚が妨げられたりするようなことはけっしてなかった。この、貧しくはあっても不足を感じることなく、もっとも完全な独立の状態にある人民は、こうして、何ものによっても損なわれえない結合のなかで、次第にその数がふえていった。彼らは、克服すべき悪徳というものをまったく知らないがゆえに、善く振舞うことは何ら骨の折れることではなく、その意味では、美徳というものを持たなかったと言ってもよい。彼らは、正義の何たるか、美徳の何たるかを知ることさえもなく、おのずから善良であり公正であった。この勤勉で独立的な生活が、強い力で、スイス人をその祖国に結びつけていたのであるが、その力から、祖国を防衛する上での二つのきわめて大きな手段が生まれた。それはすなわち、決定にさいしての一致と、戦いにさいしての勇気である。スイスの人々は、彼らをとりまく諸国の君主が政治上のあらゆる策略を弄して彼らの団結を破ろうと努めていたとき、特定の指導者もなくほとんど法らしい法もなしに、お互いのあいだで堅い団結を維持し続けていた。その団結の堅さを思ってもみたまえ。この勇猛なスイス人は、勝利かしからずんば死かと決意し、自由を失っても生きながらえたいなどとは夢にも思わずに、戦いに赴いた。その戦闘にさいして彼らが示した不屈の強固さ、粘り強さ、執拗な烈しさを見てみたまえ。そうすれば、みずからの国土とみずからの独立を守るために彼らがなしとげた数々の奇跡も、たやすく理解しうるであろう。ヨーロッパの三大強国ともっとも好戦的な軍隊がこの英雄的な国民に挑戦しながら、その侵略の企図が次々に失敗したのを見ても、人はもはや驚きはしない。この国民は、その醇朴さゆえに策略に対して無敵となり、その勇気のゆえに武力に対して無敵となったのだ。コルシカ人たちよ、以上に述べたところこそ、諸君が、みずからの本源的状態に立ち戻るために、もって範となすべき手本なのである。

ところが、こういうスイスの質朴な人々も、はじめのうちは自分自身とその山々、家畜しか知らなかったのに、他の諸国民に対して自己を防衛しているうちに、それら他国民のことを知り始めるようになった。彼らの勝利は近隣との国境を開放し、彼らの勇敢さの評判は、諸国の君主に、彼らを雇おうという考えを抱かせるようになった。君主たちは、自分が屈服させることのできなかった軍隊を、カネを払って雇い入れ始めた。こうして、かつてはあれほど見事にみずからの自由を守ったこの勇敢な人々が、今度は、他国民の自由の抑圧者になってしまった。驚いたことに、彼らは、かつては君主に抵抗するために発揮したあの勇気を、今度はその君主の利用に供し、かつては祖国にささげたあの忠誠を、今度は他国の君主のためにささげ、カネでは買えずカネの前では腐敗しやすいあの美徳を、今度は金銭と引き換えにあっさり売り渡してしまった。もちろん、はじめのうちは、彼らも、かつて君主に抵抗したときに抱いていたのと同じ自負心をもって君主に仕えていた。つまり、彼らは、自分が君主の従属者になったのだとは思わず、かえって、自分が君主の守護者になったのだと思い、また、カネをもらって君主に奉仕しているのだとは思わず、むしろ、対価を得て君主を保護してやっているのだと思っていた。

だが、知らず知らずのうちに、彼らは、自分で自分の品位を下げ、もはやたんなる傭兵以外の何ものでもなくなった。金銭が好きになると、彼らは自分の貧しさを気にするようになった。自分の貧しい状態を自分で軽蔑するようになると、その貧しさゆえにこそ身につけていたもろもろの美徳がおのずから消え失せていった。こうして、スイス人は、五ソルの値打ちの人間になり下がった。それは、フランス人が四ソルの人間になったのと同じであった。剛毅なスイス国民が堕落したことについては、もう一つの、もっと奥深くひそんでいる原因があった。かつては、彼らの独立した簡素な生活が、彼らを、強健にするとともに独立的にしていた。各人は、自分自身以外に主人を持たず、それでいて、万人が、同じ利害と同じ好みを持ち、同じ目的を追求するためにたやすく団結していた。彼らの生活の斉一性が、彼らにとっては法の代わりになっていた。ところが、彼らは、他の諸国民としげく交際するようになるとともに、恐れなければならないものを好むようになり、軽蔑しなければならないものを称賛するようになった。そのとき、野心に満ちた有力者が登場し、それまでのスイス人の格律を変えようとした。その有力者は、人民をもっとうまく支配するためには、もっと他人に依存するような気風を人民に与えることが必要だと気がついた。そこで、商業や工業や奢侈が導入された。それらは、さまざまな個人を、その職業とその必要を通じて公権力に強く結びつけ、こうして、彼らを、本源的状態にあったときよりもはるかに強く統治者に依存するように仕向けている。

スイスにおいて貧困が感じられるようになったのは、そこに貨幣が流通し始めてからのことである。貨幣は、財産に不平等をもたらしたのと同じく、生活の手段にも不平等をもたらした。貨幣は、致富のための強力な手段になったが、何も持たない人々はその手段さえも奪われた。商業や製造業の施設が増加し、工業は農業から多数の人手を奪った。人間は不均等に分かれて増加し、人々は、立地条件がよくて生活の手段をいっそうたやすく得られるような地方に拡がった。ある人々はその故郷を見捨てて立ち去り、またある人々は、消費するばかりで何も生産せず、故郷にとって無用の長物になった。子だくさんは重荷になった。開拓地への入植は著しく減少し、都会には人口が集っていく一方で、土地の耕作は一段となおざりにされた。いままでよりぜいたくな生活をするためのさまざまな欲求が、外国人の産物をさらに必要なものたらしめ、したがって、その国をして近隣諸国にさらに大きく依存せしめるようになった。怠惰な生活は腐敗をもたらし、有力者に寄生する人間をふやした。あらゆる人の心のなかで、祖国愛が消えて、その代わりに、拝金主義だけがはびこるようになった。魂を鼓舞するようなすべての感情は消し去られてしまい、もはや、行為には力強さが見られず、決意には断固たるところが見られなくなった。かつては、貧しいスイスが、フランスに対して自分の意志を貫き通していた。ところが、いまや、富めるスイスは、フランスの一大臣の一顰一笑に一喜一憂しているありさまである。

以上で述べたことは、コルシカ人民にとって重要な教訓である。以下では、コルシカ人民がどのような方法でその教訓を自分に適用すべきであるか検討することにしよう。コルシカ人民は、本源的な美徳の大部分を保持しており、それが、われわれの体制の設立を大いに容易ならしめるであろう。だが、彼らはまた、隷属状態にあったあいだに、多くの悪徳を身につけた。彼らはその悪徳を矯正しなければならない。それらの悪徳の内、ある種のものは、それをもたらした原因が消えるにつれてひとりでに消滅するであろう。他の種類の悪徳を矯正するためには、それをもたらしている情念を、それと逆に作用する要因の力で根絶させることが必要である。(二六)

私が第一の種類に入れようと思うのは、しばしば指摘されるコルシカ人の制御しがたく狂暴な気風である。人は、彼らが反抗的であると言って非難する。だが、いまだかつて公正な統治を受けたことのない彼らに対して、どうしてそんな非難を浴びせることができようか。彼らがお互い同士で争うようにたえずけしかけていた人々は、そこに生まれる憎悪の念が、しばしば、その憎悪をけしかけた当人に向けられるということを察知すべきであった。

第二の種類に入れようと思うのは、彼らのとかく盗みと殺人をこととする性癖で、これが彼らを醜悪なものにしている。盗みと殺人という悪徳の源泉になっているのは、怠惰であることと刑罰を免れうることである。この点は、盗みについては明瞭であろうし、殺人についても容易に証明できる。つまり、一族が何か怨恨を抱いて復讐の計画を立て、復讐心を満足させるために日夜心を砕くという情況は、彼らが仕事もせずにおしゃべりをしているうちに生まれ、陰気に考えこみながら次第に固まってくるのであり、その復讐計画が大した苦労もなく実行に移されうるのは、刑罰を免れられるという保証があるからである。

ジェノヴァの野蛮な統治は、この不幸なコルシカ人になるべくお互い同士の殺し合いをさせようと、あらゆる手段を尽して彼らをけしかけた。こういう野蛮な統治に対して、恐怖の念にとらわれない者がいるだろうか。殺人は処罰されなかった。それどころか、殺人は奨励さえされていたのだ。流血にさいして支払われる租税は、ジェノヴァ共和国の収入の一つであった。この不幸なコルシカ人たちは、殺し合いで絶滅してしまうことを避けるために、またしても租税を支払って、武装解除されるという恩恵を買い取らねばならなかった(二七)。

ジェノヴァ人は、この島で農業を奨励したと自慢しており、コルシカ人もその点には同意しているように見えるが、私はそれに同意できないように思う。農業が繁栄しなかったという事実は、ジェノヴァ人のとった策が邪悪なものであったことを証明している。この農業奨励策と称するものにおいて、ジェノヴァ共和国が目的としていたのは、島の住民の数をふやすことではなかった。けだし、ジェノヴァは、あれほど公然と殺人を助長していたのである。その目的は、住民の生活を豊かにすることでもなかった。というのは、ジェノヴァは、苛斂誅求によって住民を破滅させていたからである。またその目的は、タイユ税の徴収を容易にすることでさえなかった。なぜなら、ジェノヴァは、物資の販売や輸送に課税しその輸出を禁じていたのだからである。反対に、この政策によってジェノヴァが目的としていたのは、もはや増額できない限度まできているタイユ税の重さをさらに加重し、コルシカ人をつねにへとへとに疲れた屈従状態に置き、いわばその地片に縛りつけ、商業や工業などあらゆる有利な職業から遠ざけ、彼らが向上して知能を啓発したり富を手に入れたりするのを妨害することであった。また、あらゆる物資をジェノヴァの役人の手で独占的にごく安く買い入れることも目的であった。ジェノヴァは、この島から貨幣を吸いあげ、島を貨幣欠乏状態にしておき、しかも貨幣が島に還流するのを阻止するために、あらゆる手段を用いた。どんな圧制でも、これ以上に巧妙な術策を用いることはできなかったであろう。農業を奨励するという外観を装いながら、ジェノヴァは、コルシカ国民を徹底的に押しつぶしてしまった。ジェノヴァが望んでいたのは、コルシカ国民を、もっともみじめな貧困にあえぐ零細農民の集団にしてしまうことであった。

その結果はどうであっただろうか。活力を失ったコルシカ人は、将来に何の希望も持てないような仕事を放棄した。彼らは、骨折り損のくたびれ儲けよりは、何もしないほうを選んだ。かつての勤勉で簡素な生活に代わって、怠惰と無為、あらゆる種類の悪徳が瀰漫した。タイユ税を支払うためには貨幣が必要であったが、自分の生産物を売って貨幣を手に入れることができないので、その貨幣を盗みによって手に入れた。彼らは、自分の畑を立ち去って、街道に出没する追い剝ぎになった。

　私は、次のように願わずにはいられない。いまやふたたび勤勉な生活に立ち戻ったコルシカ人が、山賊まがいに島を放浪する習慣を捨てるように、そして、彼らが、穏やかで簡素な仕事にいそしみ、もっぱら自分の家族のことに関心を向け、男同士のあいだで紛争にかたをつけるなどということにはあまり興味を持たなくなるように！　彼らが、その仕事によって、自分と自分の家族がたっぷり暮らしていけるだけのものをたやすく手に入れられるように！　生活に必要なすべてのものをすでに持っている人々が、その上、タイユ税やその他の税金を支払うためにせよ、気まぐれな欲望を満たしたり奢侈品を手に入れたりするためにせよ、さらに現金を求めて血まなこになるようなことがなくなるように！　けだし、奢侈なるものは、それを見せびらかす人の幸福に何ら役立たず、ただ、他人の羨望と憎悪をかきたてるばかりだからである。

　こういう望ましい状態に人を導くには、さきにわれわれが選び取った農本的な体制（二八）がいかに適しているかということを、人はたやすく理解するであろう。だが、それだけでは十分ではない。重要なのは、人民をして、実際にその体制を採用し運営せしめることであり、人民をして、われわれが彼らに与えようとしている仕事を愛好せしめることであり、人民の楽しみや欲望や好みをその仕事に固く結びつけることであり、そして、その仕事をもっておよそ人生の幸福たらしめ、希望に満ちた人生の設計図をただその仕事の枠のなかにのみ描かしめることである。

　そこにいたるためには、次の二つの手段ほど迅速で確実なものはあるまいと思う。その一つは、土地を規準にして人々を区分してそれぞれの権利を定め、かくすることによって、いわば、人々を土地に結びつけることである。そして、もう一つは、土地を持つことをもって一家の父親たるの身分に必要な要件と定め、かくすることによって、人と土地の結びつきを家族の紐帯によってさらに強化することである。

私は、この見地から、事物の本性にもとづいて人々を区分し、その区分に立脚して国家の基本法を設けるべく、コルシカの全国民を次の三つの等級に区分することができると考えた。この等級区分における不平等は、まったく個人的な資格にもとづくものであるから、そういう種類の不平等が、われわれの廃止しようとしている封建的身分制度、地方的特権制度に由来する家柄の不平等、住居による不平等にとって代わるのは、大いに望ましいことであろうと思う。

第一の等級は公民の等級である。

第二は同国人の等級である。

第三は候補生の等級である。(二九)

それぞれの等級にはどういう資格の者が登録されるのか、また、それぞれの等級にはどういう権利の差があるのかということは、次に述べられる。

これらの等級の区分は、われわれの体制を設立するさいに住民の資格審査や戸口調査などを行なうことによって定められるべきものではけっしてなく、その後の時間の経過とともに、おのずから順を追って定められるべきものである。すなわち、われわれの計画している体制の設立にさいして最初に行なわれるべき行為は、二十歳以上のすべてのコルシカ人による厳粛な宣誓であり、その宣誓を行なった者は、すべて、なんの差別もなく、公民の等級に登録されるべきである。(三〇)当然のことながら、みずからの血をもって国民を解放した勇敢な人々は、すべて、公民としてのあらゆる利益にあずかってしかるべきであり、彼らが国民のために獲得した自由の第一等の享受者となってしかるべきである。だが、こうして国民の統合がなしとげられ厳粛な宣誓が行なわれた日からのちは、島内で生まれてまだ二十歳に達しないすべての若者は、次の諸条件を満たして他の二つの等級に昇進できるときまで、候補生の等級にとどまる。

法に従って結婚した候補生で、妻の持参財産とは別に自己自身で若干の土地財産を持つ者は、すべて同国人の等級に登録される。

妻帯者または鰥夫《やもめ》の同国人で、生存中の子供を持ち、かつ、自分の住居と、自分の生活に十分なだけの土地財産を持つ者は、すべて公民の等級に登録される。

この第一歩は、土地を重視させるには十分であろうが、土地を耕作させるには十分ではない。土地を耕作させるためには、貨幣の必要性というものを除去しなければならないのであって、貨幣の必要性こそが、ジェノヴァの統治のもとで島の貧困をもたらしたものである。そこで、次の格律が、疑問の余地のないものとして確立されねばならない。すなわち、貨幣が第一の必要物であるようなところでは、かならず、国民は農業から離れてもっと儲かる職業に赴いてしまう、ということである。そして、そういう場合には、土地耕作者という身分は、作男として金銭で雇用される対象であり、有力者にとっては一種の小作人の供給源であり、（二二）あるいはまた、農民大衆にとっては、困窮上のやむをえざる手段であるということになる。商業や工業で富裕になった人々は、たっぷり儲けると、その貨幣で土地を購入し、その土地を他人に耕作させる。こうして、一国民の全体が、土地を所有する富裕な怠け者と、その地主の土地を耕しつつも生きる術を持たない哀れな農民とに、分裂してしまう。

貨幣が個人にとって必要になればなるほど、それは政府にとっても必要になる。したがって、商工業が繁栄すればするほど租税が重くなるということになる。そして、租税を支払うためには、農民はただ土地を耕しているだけでは何もならず、その生産物を販売することが不可欠になる。農民は小麦だの葡萄酒だの油だのを持っているだけでは何もならず、絶対的に貨幣が必要であるから、その商品を都市に持って行ってあちこち売り歩かねばならない。こうして、農民は、小商人になり、小販売人になり、ちょっとしたぺてん師になることを余儀なくされる。こういうかけひきを見ながら育った子供は、堕落して、都会が好きになり、農民の気風を失い、父のあとを継ぐよりはむしろ水夫や兵士になってしまう。やがて、農村の人口は減り、都市には浮浪者があふれ、次第にパンが欠乏するようになる。一方で若干の個人の豪奢が増大するにつれて、他方では一般の人々の貧困が増大し、両者があいまってあらゆる悪徳を招来し、その悪徳は、ついに一国民の破滅をもたらすのである。

私は、どんな商業の制度《システム》もすべて農業を破壊するものだと確信しており、農産物の商業でさえもその例外をなすとは思わない。農産物商業の制度のもとで農業が維持されうるためには、商人と耕作者のあいだで利益が均等に分配されなければならないであろう。だが、それは不可能である。なぜなら、両者の取引にさいして、商人のほうは自由な立場にあるのに対して、耕作者のほうはどうしても販売しなければならない立場にあるため、耕作者はつねに商人の言いなりにならざるをえず、両者の不均衡な関係は、農業が強固で永続的なものとして維持されることを不可能にするからである。

この島が大量の貨幣を持てば、それだけいっそう島は富裕になるのだなどと、思いこんではならない。貨幣が多いほうが富裕だということは、他の諸国民と対比するかぎりで、また、この島の対外関係におけるかぎりでは、正しいであろう。しかしながら、一国民の内部においては、一国民が全体として所有する貨幣の量が多かろうと少なかろうと、あるいは、同じことになるが、その所有する一定量の貨幣の流通速度が速かろうと遅かろうと、それによってその国民が富裕になったり貧困になったりすることはない。貨幣は、一つの標章であるのみならず、一つの相対的な標章であって、それが真の標章としての機能を果たしうるのは、ただ、貨幣の分配が不平等である場合だけに限られる。つまり、コルシカ島の内部で、各個人がそれぞれ十エキュずつしか持っていないと仮定しても、あるいは十万エキュずつ持っていると仮定しても、どちらの場合でも人々の相互の位置にはなんの変わりもない。どちらかであることによって、人々はお互いに富裕になったり貧しくなったりするわけではない。相違があるとすれば、それは、ただ、後者の仮定の場合には相互の取引がいっそう厄介になるというだけのことである。もしコルシカが外国との通商を必要とするならば、貨幣も必要であろう。しかし、コルシカは、自給自足できるのであるから、貨幣を必要としない。しかも、貨幣は不平等の標章としてしか役に立たないのであってみれば、島のなかで流通する貨幣の量が少なければ少ないほど、かえっていっそう多くの本当の豊かさがそこに存在することになるであろう（三二）。

そこで、貨幣を用いて成しとげられたことが貨幣なしで成しとげられないかどうかを検討する必要がある。そして、それができると仮定して、どちらの方法がわれわれの目的にとって望ましいかを比較してみなければならない。

コルシカ島が、現在の荒廃と疲弊のなかにあってさえも、その住民の生活物資を十分に自給しうることは、事実によって証明されている。けだし、彼らが犂《すき》をとるよりも武器をとって暮らしていた三十六年間の戦争のあいだを通じて、彼らの用に供するための何らかの物資や食糧を積んだ船は一隻も島に入ってこなかったからである。この島は外部から何一つ借りてこなくても、住民を繁栄した状態に置きかつその状態を維持するために必要な一切のものを、食糧の他のあらゆる物資でさえも持っている。この島には、毛織物のための羊毛、亜麻布や綱をつくるための大麻、靴のための皮革、船を建造するための木材、鍛冶のための鉄、道具をつくったり補助貨幣にしたりするための銅などがすべてある。この島は、国内消費に十分な塩を持っており、アッレリアの製塩場を再建すれば国内消費よりずっと多くの塩を持つことになるであろう。このアッレリア製塩場というのは、ジェノヴァ人が手間とカネをかけて破壊につとめたにもかかわらず、なお塩を産出していたのである。こうして、コルシカ人は、たとえ外部と貿易をしたいと思ったとしても、余計な贅沢品を買いこんだりするのではないかぎり、外部と通商して物資を交換する必要はまったくないであろう。貨幣の素材である銀だけは外部に求めなければならないが、貿易の必要がない場合には、貿易のための銀や貨幣そのものが彼らにとっては必要がないであろう。したがって、外部の国民とこういう関係にある以上、コルシカ国民はまったく貨幣を必要としないということになる。

島の内部について見よう。コルシカ島は十分に大きくて山々で分断されている。大きくて数も多い河川はほとんど航行できない。したがって、島内の諸地域は、相互に簡単に連絡がとれない。しかし、それぞれの地域は、それぞれ産物が違うので、お互いの必要によって相互依存の関係をとり結んでいる。たとえば、カポ＝コルソ郡は、ほとんど葡萄酒しか産出しないので、バラーニャ郡が供給する小麦や油を必要としている。コルテは、高地にあるので、小麦などの穀物は産出するが、その他の物資はみな欠けている。ボニファツィオは、島の端の岩壁の下にあるので、すべてを必要とし、何も供給できない。それゆえ、島内の諸地域の人口をできるだけ均等にしようというわれわれの計画（三三）は、さまざまな物資の流通を、つまり、一裁判管区から他の裁判管区へと商品が容易に流れて行くことを必要とし、したがって、国内の商業を必要としている。

しかしながら、私は、この点について二つのことを言っておきたい。一つは、政府の協力によって、この国内商業はその大部分が物々交換によって行なわれる、ということであり、もう一つは、同じ政府の協力と、われわれの体制の設立の当然の結果によって、この国内商業ないし物々交換は、次第に減少して、結局はごくわずかなものになるにちがいない、ということである。

人の知るごとく、ジェノヴァ人の統治下で疲弊に陥っていたコルシカにおいては、貨幣はつねに流出するばかりでまったく還流しなかったので、ついに、貨幣がきわめて乏しくなった結果、島内のいくつかの地域では、現金が姿を消してしまい、売買の代わりに物々交換が行なわれていたのである。

コルシカ人は、その陳情書のなかで、この事実を苦情の一つとして挙げた。それはなるほどもっともである。というのは、次のようなわけである。すなわち、タイユ税を支払うためには貨幣が必要であったのに、この憐れなコルシカ人はもはや貨幣を持っていなかったので、家で差し押さえと強制執行を受け、生活に不可欠な道具や、家具や、ぼろやがらくたまで奪い取られた。それらの品物は、よそへ運ばれて売却せねばならなかったが、その売上額は、もとの価格の十分の一にもならなかった。こうして、彼らは、貨幣がないために、租税を十倍にもして支払わなければならなかったのである。

しかしながら、われわれの体制においては、だれもタイユ税を現金で支払うことを強制されないはずであるから、貨幣の欠如は、けっして貧困のしるしではなく、貧困を増大させることもけっしてないであろう。交換は、物々交換という形で、貨幣という価値標章の媒介なしに、行なわれうる。そして、人は、一スーも使わずに豊かに生きることができるであろう。

私は、次のような事実を知っている。すなわち、ジェノヴァの統治者は、島内の諸地域間の商品取引をあらゆる手段で禁止ないし阻止しようとしていたが、そういう統治者のもとで、島内の村々は、取引が可能になる好機の到来を待つために、小麦や葡萄酒、油などの倉庫を設けていたということ、そして、ジェノヴァの役人は、そういう倉庫を設けるという着想がもとからあったとすれば、それを実際に設置することはそれだけいっそう容易であろうし、そういう倉庫の設置は、物々交換を実施するために、公共にとっても個人にとっても便利で簡単な手段を提供するであろう。しかも、このたびは、その手段が人民にとって厄介な独占の口実になるような危険はないのである。

実際にこういう倉庫や集積所を設置しなくても、各聖堂区ごとに、または各地方の主邑ごとに、複式の公共の帳簿をつくって、そこに人々が、毎年、一方には余分にある物資の種類と数量を、他方には欠乏している物資の種類と数量を、記入してもらうようにすればよいであろう。そして、郡ごとにこれらの帳簿を集計して物資の過不足を明らかにすれば、それにもとづいて、それぞれの行政管区がお互いに余分を消費し不足を補いうるように、物資の価格と交易量を調整することができるであろう。そうすれば、全体の量としては過不足がなくなり、収穫が需要に見合うように具合よく調整することがほぼ可能になるであろう。

これらの操作は、実際の貨幣を用いなくともきわめて公正に行なわれうる。方法としては、物々交換をとることもできる。または、たとえばフランスのピストールのように、比較の尺度として役立つたんなる観念上の貨幣を用いることもできる。（二四）あるいはまた、ギリシア人の用いた牛やローマ人の用いた羊のような、数えられる何らかの現物を貨幣の代わりに利用することもできる。ただ、牛や羊を用いる場合、その平均的な価値が固定されていなければならない。なぜなら、現実の牛や羊は、計算単位としての牛や羊よりも価値が大きかったり小さかったりするからである。そういうズレがあるために、牛や羊を用いるよりは、観念上の貨幣を用いるほうが望ましいであろう。なぜなら、観念上の貨幣は、計算のための抽象的な数にすぎないだけに、つねに正確だからである。

以上のような方式を守っているかぎり、島内の物資の交易は均衡を保つであろうし、さまざまな交換は、ただ物資の相対的な過不足と輸送の難易のみにもとづいて調整され、つねに、どこででも、お互いに相殺し合う関係を保ち続けるであろう。こうして、島内のあらゆる生産は、どこにも均等に分散し、全体として人口に見合った水準におのずから落ち着くであろう。私は、公共の行政機構が、何の不都合ももたらすことなく、これらの物資の交易や交換の采配をふるい、そのバランスを保ち、その量を調整し、その分配を定めることができるであろうと付言しておく。なぜなら、物資を貨幣に換える場合には、その取締りの権限を持った役人は、あらゆる不当徴収や独占、ごまかしを行ないがちであるのに対して、物資の交易や交換が現物で行なわれているかぎり、役人は、その権限を濫用することができず、濫用する気にさえならないからである。

はじめのうちは多くの面倒なことが起こるだろうと覚悟しなければならない。だが、そういう面倒は、およそ、既存の慣習にさからって新しいことを始めようとするどんな体制にとっても、避けられないものである。しかし、私は次のことをつけ加えておきたい。すなわち、こういう管理体制がひとたびできあがると、その運営は年ごとに次第に容易になるであろうが、それは、たんに実地の経験がふえるためばかりではなく、物資の交易そのものがこの管理体制の必然的結果として次第に減少するにちがいないからでもあって、結局、物資の交易は、最小限度の量にまでおのずから縮小するにちがいない。そして、そのことこそ、目指すべき最終目標なのである。

万人が生きるべきであり、何びとも富むべきでない。これこそ国民の繁栄の根本原理であって、私が提案している行政もまた、できるだけ近道を通ってこの目標にいたるためのものである（三五）。

余分な物資がまったく商業の対象にならず、まったくカネで売れないということになれば、物資は、必需品に対する需要に見合った量しか生産されないであろうし、だれでもが自分に欠けている物資をすぐに入手しうるということになれば、だれも物資を余分に持ちたいとは思わなくなるであろう。

土地からの生産物がまったく商品化されないということになれば、徐々に、農産物の栽培は、各郡においてその郡全体の需要に見合うようになり、さらには、それぞれの家の所有地においてもその耕作者の個々の需要に見合うように農産物が栽培されるというようにさえなるであろう。各人は、必要とするすべてのものを、交換によって入手するよりはむしろ自分自身の耕作によって現物で入手するように努力するであろう。けだし、交換は、どれほどそれが容易になったとしても、自給自足よりはつねにいっそう不確実（三六）でありいっそう不便だからである。

なるほど、それぞれの土地でもっとも適した作物を栽培するというやり方は、たしかに有利であろう。そのやり方をとれば、他のどんなやり方をするよりも、いっそう多くのものをいっそう容易に国内で生産することができる。しかしながら、こういう観点からの考察は、どんなに重要らしく見えても、第二義的な意味しか持ちえない。土地からの生産物の総量がやや減るとしても、住民がより善い秩序のもとにいるほうがずっとましである。あの取引や交換のあらゆる動きのなかにまきこまれれば、国民のなかにもろもろの破壊的な悪徳が忍びこまないではすまされない。適地適作という点では多少の欠陥があっても、それは人間の労働によって補われうるのであり、人間の使い方を過《あやま》つよりは土地を下手に使うほうがずっとましである。しかも、それぞれの耕作者は、その所有地の内部において適地適作を実施しうるし、またそうすべきで、さらに、それぞれの聖堂区ないし村落共同体は、のちに述べるように、その共同地において適地適作を実施しうるのである。

思うに、人々は、これまで説いてきたような経済のあり方は期待するところと逆の結果をもたらすのではないか、と危惧しているのであろう。つまり、そういう経済は、耕作を刺激するよりはむしろ耕作の意欲を失わせるのではないか、そして、自分の生産物を販売しえない農民は、自分の仕事をなおざりにし、食べる分だけ作ってそれ以上のものを作ろうとせず、自分に絶対に必要なものさえ収穫すればそれで満足し、それ以上は自分の土地も荒れ放題にしておくのではないか、と危惧しているのであろう。たしかに、ジェノヴァの統治のもとでは、商品を島外に輸出することが禁止され、それがまさに以上と同じ結果をもたらしていたのであるから、人々の危惧は、そういう経験にもとづく正当なものであるようにも見える。

しかしながら、次のことを忘れてはならない。すなわち、ジェノヴァの統治のもとにおいては、貨幣が第一の必要物であったから、貨幣こそが労働の直接の目的となり、その結果、当然のことながら、およそ貨幣をもたらしえないような仕事はすべてなおざりにされ、こうして、軽蔑と誅求と貧困に打ちひしがれた耕作農民は、自分自身を不幸のきわみとみなし、このままでは自分の必要を満たすこともできないと思って、他に職業を求めて耕作をやめるか、または失望落胆の淵に沈んでいた、ということである。それに反して、われわれの体制のもとにおいては、その体制の意図するところのすべてが、この耕作農民の身分をして、中庸を得た生活のなかで幸福ならしめ、簡素な生活のなかで尊敬すべきものたらしめることをめざしている。この体制のもとでの耕作農民の身分は、生活のあらゆる必需品を満たし、売買も取引もせずにすべての公租を支弁し、世の敬意を受けるにふさわしい条件のすべてを満たしているのであるから、それ以上の身分ないしそれより高貴な身分というものを想像する余地さえも与えない。この耕作農民の身分に属する人々は、自分が最上位にいるのであるから、その身分にいることをもってみずからの栄光となすであろう。そして、その人々は、あたかも初期のローマ人のように、さらに偉大な事業への道をきりひらきつつも、つねに農民であり続けるであろう。人々は、この農民身分を離れずに、その身分のなかで衆にすぐれた者になりたいと望むであろう。そこで、人々は、農民としての仕事を他人よりもよく果たし、より多くの収穫をあげ、国家に対してより多くの負担額を醵出し、選挙にさいしては人民の投票を受けるにふさわしい者になりたいと望むであろう。彼らの多くの家族がたっぷり食べて身ぎれいな衣服をつけているということこそが、その家長にとっての名誉である。そして、物がたっぷりあるということこそが豊かさの唯一の目標であるから、各人は、そういう意味での豊かさの点で衆にすぐれた者になりたいと望むであろう。こうして、人の心に変わりのないかぎり、われわれの体制は怠惰をもたらしはしないであろう。

それぞれの裁判管区や行政管区、さらにはそれぞれの家の所有地において、役人や一家の父親は、よその管区や家の世話にならないでもすむように、然るべき処置をとらなければならない。そして、それと同じことを、島の中央政府は、近隣諸国民の世話にならないですむために行なわなければならない。

今日のコルシカ島は奢侈や余剰の発生しうる状況になってはいないのであるから、ある年数のあいだに島に輸入される商品の正確な記録をとってみれば、島にとって不可欠な商品の正確な状況がわかる。そして、島が生産しているものと生産できるはずのものについて詳細に検討してみれば、外国から買わなければならない必需品はごくわずかなものにすぎないということがわかるであろう。このことは、次のような事実によって完全に確認される。すなわち、一七三五年から一七三六年にかけて、コルシカ島はジェノヴァ海軍の封鎖によって大陸からまったく遮断されていたのであるが、それにもかかわらず、食糧については何の不足もなかったばかりでなく、他のどんな品目についても耐えがたいほどの欠乏を感じることはなかった、ということである。そのときもっとも不足が感じられたのは、軍需品と皮革、燈心用の綿であったが、その燈心用の綿は、ある種の葦の髄で代用されたのである。

輸入が必要なこの少数の品目の内から、さらに、いまは島で自給できないがいずれ耕作と勤労がいっそう発展した場合に自給できる品目を、すべて除外しなければならない。われわれは、無益な工芸や享楽、惰弱の工芸をできるだけ排除すべきであるが、それらを排除すればするほど、農業にとって有用な工芸や人間生活にとって有益な工芸をますます奨励すべきである。われわれにとっては、彫刻師や金銀細工師は不用であるが、大工や鍛冶屋は不可欠であり、また、われわれにとって必要なのは織布工や羊毛のいい職人であって、刺繍職人や金糸細工人は必要ではない。

まず着手すべきことは、もっとも必要な原料を確保することである。すなわち、木材、鉄、羊毛、皮革、大麻、亜麻などである。この島には、建築用の木材や暖房用の薪炭が豊富に存在するが、その豊富さに安心して森林の利用や伐採を山林所有者の一存に委ねてしまってはならない。島の人口が増加し開墾が進むにつれて、林野の荒廃は急速に進み、その回復にはきわめて長期間を要することになるであろう。その点については、私の住んでいる国の経験をもって他山の石とすることができよう。スイスは、かつては、多すぎて邪魔になるくらい豊富な森林でおおわれていた。ところが、牧場の拡大とマニュファクチュアの設立のために、人々はとめどなく森林を濫伐した。いまや、あの広大な森林は、ほとんど裸の岩肌を見せているばかりである。幸いなことに、フランスの前例によって警告を与えられたスイス人は、危険を察知して、できるだけ伐採を自粛するようになった。彼らの用心が遅すぎなかったかどうか、それはまだわからない。というのは、こういう用心にもかかわず彼らの森が日々減少していくとすれば、やがてそれがついに枯渇してしまうにちがいないことは明らかだからである。

コルシカは、もっと早いうちに用心しておけば、同様な危険を恐れなくてもすむであろう。そのためには、早期に明確な森林行政を確立し、樹木の再生産が消費と等しくなるようにその伐採を規制しなければならない。フランスにおいては、治水営林署の役人が樹木の伐採権を持っているので、彼らは、みんな伐採してしまうほうが利益になり、できるだけ伐採するように努めているが、そんなフランスのまねをしてはならない。早いうちから将来を見通すべきである。現在のところ、海軍を創設するのはまだ妥当ではあるまいが、やがて、それを創設すべき時が来るであろう。そのとき、人は、海ぞいの美しい森林を外国の海軍などに委ねないでおいてよかったと痛感するであろう。成長のとまった老木は伐採ないし売却すべきであるが、いきいきと成長中の木々は立木のままに残しておくべきであり、それらは、時が来れば伐採されるであろう。

聞くところでは、島内に銅の鉱山が発見されたとのことであるが、それはたいへん結構である。だが、鉄の鉱山があればもっと有益である。おそらく、島内には鉄の鉱山が存在するにちがいない。山々の形状、土地の性質、カポ＝コルソ郡などにある温泉など、すべての状況から見て、私は、専門家を使って入念な探索を行なえば、鉄の鉱山がたくさん発見されるであろうと信じている。それらが発見されたと仮定した場合、無差別な開発が許されるべきではなく、もっとも有利な地点が選ばれねばならない。つまり、製鉄所を設けるには、森林や河川にもっとも近いところが望ましく、しかも、輸送にもっとも便利な道路が開かれうるようなところが望ましいのである。

どんな種類のマニュファクチュアを設けるにさいしても、製鉄所の場合と同様な注意が必要である。すなわち、それぞれの種類のマニュファクチュアは、できるだけその作業や配送に便利なように、関連するさまざまなことをよく考えて設置されなければならない。しかしながら、マニュファクチュアのような施設を島のなかでもっとも人工稠密でもっとも肥沃な地域に設けることは、ぜひとも避けなければならない。むしろ逆に、こういう施設は、他の条件が同じであれば、もっとも不毛な土地、つまり、工業によって人々を引き寄せなければいつまでも人気《ひとけ》がないであろうような土地を選んで、設けなければならない。そういう土地を選べば、マニュファクチュアにとって必要なものを供給する上ではいくらか余計な手間がかかるであろう。しかし、そのようなことを考慮するよりも、そういう土地を選ぶことによって多くの利点が得られ、多くの弊害が避けられるのだということのほうが、はるかに重視されるべきである。

何よりもまず、そうすることによって、われわれは、われわれの第一の大原則に従うことになる。その大原則というのは、たんに人口を拡大・増殖させるのみならず、島の全域にわたって人口をできるだけ均等に行きわたらせる、ということである。もし、工業によって不毛の土地にも人々が住むということがないならば、その土地にはいつまでも人気《ひとけ》がなく、それは、国民の最大限の増加にとってもそれだけマイナスになるであろう。

もし、マニュファクチュアのような施設を肥沃な地域に設けるならば、そこでは食糧が豊富である上に、農業におけるよりも工芸におけるほうが仕事の利益は必然的に大きいから、耕作農民やその家族は農村の仕事から離れてしまい、農村の人口は少しずつ減少し、その結果、土地を耕すためには遠くから新しい入植者を連れて来なければならない、ということになる。こうして、国土のいくつかの地点では人口が過密になり、他の地点では人口が過疎になり、そのために人口の均衡が破られて、われわれは、われわれの体制の設立の精神とはちょうど逆の方向に進むことになるである。

製造所《ファブリク》が不毛の地に設けられていれば、物資の輸送が製造所のコストを高くするから、それだけそこに雇われている人々の利益が減少し、その人々の状態は耕作農民の状態にいっそう近づくことになり、両者のあいだの均衡がいっそうよく維持されることになる。しかしながら、均衡とはいっても、やはり、工業のほうがつねに有利でないわけにはいかない。なぜなら、国家の手のなかにある貨幣が工業のほうにいっそう大量に流れこみ、権力と不平等の武器になっている財産という手段が工業と結びつき、工業に集まる人間集団が巨大な力を持ち、その力を野心家が利用しようとしているからである。それゆえ、均衡を保つ上で重要なことは、この恵まれすぎた工業部門が、食糧の点では国民の他の部門の人々に依存した状態であり続けるということである。国内の諸部門の分割にさいしては、工業に雇われている人々よりも農民のほうが優位に立つということこそが、われわれの体制の設立の趣旨にかなうのである。

以上のような予備措置を講じておけば（三七）、島内で有用な工芸施設の設置を推奨しても、何の危険もないであろう。そして、それらの施設がうまく運営されれば、島内のすべての必需品を供給できないことはないように思われる。そうなれば、島外から何か輸入する必要はほとんどなくなり、その必要があるとしてもそれはほんの些細な品目にすぎないであろうから、その代わりに、輸入に見合った程度の輸出を許可すればよいのであり、その場合には、行政当局がつねに輸出入のバランスを保つように配慮すればよいのである。

これまでに私が明らかにしてきたのは、いかにして、コルシカ人民はごくわずかな交易をするだけで豊かに独立して存立しうるか、いかにして、彼らに必要なこのわずかな交易の内の大部分が物々交換によって容易に行なわれうるか、そして、いかにして、島外から輸入する必要のある品物をほとんどゼロにまで削減しうるか、ということであった。これによって、次のことがわかる。すなわち、たとえ現金や貨幣の使用が個人間で完全に消滅しえないとしても、少なくとも、その使用はきわめてわずかな程度にまで縮小されるため、そこに弊害が生じることはほとんどなく、貨幣を用いて財産を築くことはまったく行なわれず、仮にそれが行なわれても、財産そのものがほとんど無用の長物となって所有者にほとんど何の利益ももたらさないものになる、ということである。

しかしながら、まだ公共の財政という問題が残っている。われわれはいかにして財政を管理するのか。いかなる収入をわれわれは行政にふり向けるのか。われわれは行政を無償で行なうのか、あるいは、行政の維持のための費用をわれわれはいかにして支弁するのか。いまや、これらの問題を検討しなければならない。

財政制度は、近代になってから発明されたものの一つ（三八）である。この財政という言葉は、タイユ税や人頭税という言葉と同様、古代には知られていなかった。公税（vectigal）という言葉は、のちに述べるように、別の意味で用いられていた。主権者は、征服したり打ち負かしたりした異民族に対しては貢納を課したが、本国の直属の臣民に対して課税することはなく、とくに共和政下においてはそうであった。アテナイの市民は、課税されるどころか、逆に政府から給与を受けていた。ローマは、たびたびの戦争で多くの経費がかかったはずなのに、しばしば市民に小麦や土地さえも配布した。それにもかかわらず、国家は存続し、陸海の大軍を擁し、おびただしい公共土木事業を行ない、少なくとも近代国家の出費と比率の上では同じ程度の多額の出費を行なっていた。どうしてそういうことができたのであろうか。

古代国家の推移には二つの時期を区別する必要がある。その草創期と膨張期である。国家の草創期においては、国家は公有地以外の収入源を持っておらず、その公有地はおびただしいものであった。ロムルスは、あらゆる土地の三分の一を公有地にした(三九)。彼は、さらに三分の一の土地を神官と祭儀の維持のために割り当て、残りの三分の一だけがローマ市民のあいだで分配された。三分の一と言えばわずかであるが、その土地はまったく免税であった。今日のフランスの農民は、一切のタイユ税、年貢、十分の一税その他のあらゆる種類の租税を免除してやるから、耕作している土地を三分の一に縮小せよと言われた場合、喜んでそれに応じないであろうか。

こうして、国家の収入は、貨幣で徴収されることはまったくなく、公有地の農産物およびその他の生産物でまかなわれていた。支出もまた収入と同じ性格を帯びていた。行政官や軍隊は、貨幣で給料が支払われたのではなく、現物で食糧が供給され、衣服が支給されたのである。そして、必要な場合には人民に特別な負担が課されたが、それは賦役労働であって、けっして貨幣が徴収されたのではない。あの壮麗なローマの公共土木事業は、国家にとってほとんど何の費用もかからなかった。それは、戦闘に参加するのと同様に公共労働にも参加していたあの恐るべき市民団のなしとげたものであり、その市民団は、下層民ではなくて国家の公民で構成されていた。

ローマ人が膨張を始めて征服者になったとき、彼らは、被征服民からローマの軍隊の維持費を徴収した。軍隊には給与が支払われるようになったが、そのために従属民が課税されたのであって、けっしてローマ人が課税されたのではなかった。緊急事態にさいしては、元老院が醵金したり借り入れたりしたが、その借金は元老院によって忠実に返済された。そして、共和政の全期間を通じて、私の知るかぎりでは、ローマ人民が、人数割にせよ所有地割にせよ、金銭で租税を支払ったことは一度もないのである。

コルシカ人たちよ、以上の事例こそが見事な模範である！　他のどこにおけるよりもローマ人のもとにおいて多くの美徳の発露が見られたのもあえて異とするには及ぶまい。まさに、そこにおいては貨幣の必要がもっとも少なかったのである。国家は、僅少な収入をもって偉大な事業をなしとげた。ローマの宝物はローマ市民の腕のなかにこそあったのだ。ひるがえってコルシカについて言えば、有利な位置と統治の形態のゆえに、世界中でコルシカほど経費のかからない国はどこにもないであろう。なぜなら、コルシカは、一つの島であり共和国であるから、常備の正規軍を持つ必要はまったくなく、また国政の衝に当たる人々も、任期が終わればすべて平等な公民の列に戻り、一般大衆から何かを徴収したとしても、その徴収物はただちに一般大衆に戻されざるをえないからである。

しかしながら、公共の力の根源を考察する場合には、事情が異なる。国家が支出する財政経費とは逆に、私は、国家に対する奉仕のために人々が提供する支出は多いほうがいいと考える。私が論じているのは、いわば、それぞれの場合を分けて考えるということだけである。私は、財政というものを、政治体における脂肪のようなものだとみなしている。それは、ある種の筋肉の網目のなかで詰まってしまい、無用の肥満で身体に過度の負担をかけ、身体を強壮にするよりはむしろ鈍重にする。私は、もっと健康的な食物で国家を養いたいと思う。それは、国家という身体の実質とただちに結合し、脈管を詰まらせずに繊維や筋肉になり、四肢に太さではなく活力を与え、身体を鈍重にすることなく強壮にする、そういう食物である。

私は、国家が貧困であることを望むどころか、逆に、国家がすべてを所有し、各人は、ただ国家に対するその奉仕の程度に応じてのみ、共同財産に対するその持ち分を受け取る、ということを望みたい。あのヨセフがエジプト人のすべての財産を取り集めて国王《ファラオ》のものとしたことは、(四〇)それが妥当な範囲で行なわれたならばいいことであったろう。しかし、私の当面の目的からそれるこういう議論に深入りすることを避けて、ここでは、次のような私の考えを理解してもらえればそれで十分である。すなわち、私の考えは、個人的所有を全面的に廃絶することではない。なぜなら、それは不可能だからである。そうではなくて、私の考えは、個人的所有をもっとも狭い範囲のなかに閉じこめ、個人的所有に一定の限度を設け、一定の規制と一定の制約を加え、そうすることによって、個人的所有を抑制し、管理し、統制し、そして、個人的所有をしてつねに公共の利益に従属した状態にとどめておく、ということである。私の望むところを一言で言うならば、国家の所有ができるだけ大きくかつ強く、市民の所有ができるだけ小さくかつ弱い、ということである。以上のような理由で、公共の監察からたやすく隠蔽できる貨幣や現金のように、個人的所有者の権利が過大になりがちなものをもって、所有の主たる形態にすることは、ぜひ避けたいと私は考えるのである。

草創期のローマにおいては、その獲得地はまだだれにも属していなかったが、今日のコルシカにおいては、国土はすでに住民に分配されているから公有地を樹立することは、草創期のローマにおけるほど容易ではない。私もそれは認める。しかしながら、私の知るところでは、島内には未開墾の沃野がまだ大量に残っており、政府がそれを利用することはきわめてたやすい。その場合、政府は、その開墾を申し出る人々に一定期間を限ってその未墾地を譲与することもできようし、また、それぞれの共同体ごとに賦役でそれを開墾させることもできよう。これらの土地をどう配分したらよいか、またそれをどう利用したらよいか、という点について適切な判断を下すためには、現地に行ったことがなければなるまいが、それにもかかわらず、私は、若干の交換とある種の調整というさして困難でない方法によって、それぞれの裁判管区ごとに、さらにそれぞれの行政管区ごとにさえ、共同地を設定することができると確信している。そして、その共同地は、のちに述べる相続法の規定によって(四一)、短い年月のうちにふやすことさえできるであろう。

さらに、明瞭、確実で、しかもずっと多額の収入をもたらす容易なもう一つの手段は、スイスのプロテスタントのカントンで目下行なわれている例にならうことである。これらのカントンは、宗教改革のときに、旧来の教会十分の一税を没収してそれを国家の主要な収入としたが、その収入で聖職者を十分に養っている。私は、コルシカ人も教会の収入を没収すべきだと言っているわけではない。それはとんでもないことだ! しかし、私の思うところでは、すでにその所有地から十分に地代を得ている聖職身分がさらに人民から徴収している十分の一税と同じだけのものを、国家が人民から徴収しても、人民はそれをはなはだしく迷惑に感じはしないであろう。この、国家の徴収する十分の一税の割り当ては、何の苦労も障害もなく、またほとんど費用もかけずに行なわれるであろう。というのは、教会十分の一税を倍増してその半分を国家が取ればよいからである。

私は、もっとも確実でもっともいい第三の種類の収入を、人間そのものからひきだすことができると考える。それはすなわち、人々の財布ではなくて、労働と、腕と心とを、祖国への奉仕のために用いるということであり、たとえば、民兵になって祖国の防衛に奉仕し、あるいは、公共土木事業にさいして賦役労働を提供することによって祖国の便宜に奉仕する、ということである。

賦役などという言葉が出てきたからといって、共和主義の諸君が仰天しないでいただきたい！　賦役がフランスでは嫌悪されていることは私も知っているが、スイスでも同じであろうか。スイスでも道路は賦役で建設されているが、それに苦情を言う者はだれもいない。賦役よりも貨幣で支払うほうが便利のように見えるが、そういう表面上の便宜にひきつけられるのは皮相な精神の持主だけである。そして、国家の必要と個人の奉仕とのあいだに貨幣のような媒介物が入ることが少ないほど、奉仕の負担はいっそう軽くなるのだということは、一つの確実な格律である。

私は、こういう自分の考えをあえて延々と展開するつもりはないし、また、ここで、賦役など公民の個人的労働奉仕のすべてを絶対的な善だと主張するつもりもない。したがって、もしお望みならば、賦役などのすべてが貨幣の支払いで代行されるほうがよいという見解に同意してもよいであろう。ただし、その場合には、支払い手段としての貨幣が無数の弊害を際限なくもたらしたり、強制的賦役に伴う不都合よりもずっと大きくずっとはなはだしい不都合を際限なくもたらしたりすることがないかぎり、という条件をつけてのことであり、また、とりわけ、課税する者と課税される者が同じ身分であるかぎり、という条件をつけてのことである。

さらに、租税が平等に配分されるには、土地をまったく持たず生産物について十分の一税を支払うことができない人は、代わりに自分の腕の労働を提供する、ということが公正な方法である。したがって、賦役は、とくに候補生の等級に課されることになるはずである。だが、公民の等級や同国人の等級に属する人々も、候補生の労働を指導し、彼らに模範を示すべきである。願わくは、公共の利益のために行なわれる労働のすべてが、つねに名誉ある仕事とみなされますように！　願わくは、あのローマの執政官《コンスル》が、軍隊に模範を示すためみずから率先して野営の工事に携わったように、今日の行政官もまた、その本来の仕事の合間《あいま》には労働に携わり、かの賦役労働に従事している人々が行政官より劣った人間ではないということを身をもって示してくれますように！

共和国において第四の種類の収入となるのは罰金と没収であるが、それについては、私は、今日の体制のおかげでコルシカ共和国ではそれがほとんどゼロになることを望んでいる。したがって、私はそれを国家収入の勘定に入れない。

以上に述べた公共の収入のすべては、貨幣形態であるよりはむしろ現物形態であるから（四二）、その徴収や保存や使用の点で手間がかかるように見える。しかしながら、ここでは、行政が容易であることよりも行政が健全であることのほうが重要であり、また、多少は余計な手間がかかっても、弊害が少ないほうがずっとましである。もちろん、コルシカにとって、また共和国にとって最良の経済制度は、王国や大国にとっては最良のものとは言えないにちがいない。私が提案している経済制度は、フランスやイギリスでは成功しないであろうし、樹立されることさえないであろう。だが、その制度が数世紀前から樹立されていたスイスにおいては、それは最大の成功を収めたのであって、それはスイスに適合する唯一の制度だと言ってもよいのである。

税の徴収はそれぞれの裁判管区で請負に出されるであろうが、その徴収が現物でなされるか貨幣でなされるかは担税者の選択に任せるのがよい。行政官や役人への給与もまた、その大部分が、小麦、葡萄酒、飼料、木材などで支払われる。こういうやり方をすれば、徴税は、公共にとって厄介でもなく、個人にとって負担が重いこともない。ただ、その場合の不都合はと言えば、徴税請負を兼ねる金融業者が介在して、主権者をあざむき国民を苦しめて私腹を肥やすことである。

共和国においては、こういうたぐいの金融業者身分の存在を許容しないということがきわめて重要であるが、それは、たんに彼らの不正利得がけしからぬというばかりでなく、むしろ、彼らの行動原理やその実例がたちまち国民のなかに拡まって害毒を流すからである。すなわち、彼らの振舞は、不正な富でも利益になるほうがよいという風潮をもたらすことによってすべての善良な情操を破壊し、清廉や醇風、美俗などすべての美徳を軽蔑と汚辱にまみれさせてしまう。

金銭の財宝をふやすため精神の財宝を犠牲にすることがないように注意しよう。われわれは、精神の財宝によってのみ、人間とその力すべてを真に掌握することができるのであり、それに反して、金銭の財宝によっては、うわべだけの奉仕しか得ることができない。人は、人間の意志を金銭で買うことはけっしてできない。国庫の管理は、高利貸の方式をとって多くの利益を得るよりも、むしろ、一家の父の方式をとっていくらかの損失をこうむるほうがましである。

それゆえ、たとえ徴税額がずっと減っても、徴税は国家の直接管理のもとに置くことにしよう。そして、この管理を一つの職業にすることを避けよう。なぜなら、それが職業化すれば、徴税を請負に出すのとほとんど同様な不都合が生じるからである。財政制度をもっとも有害なものにするのは、金融業者を利用することである。たとえどんな犠牲を払っても、国内に悪質金融業者の存在を許してはならない。徴税の管理や公共事業収入の管理を儲けの多い職業にしてしまう代わりに、逆に、それらの仕事を、若い公民の才能と廉直さをためす試練の場にしなければならない。それらの管理の仕事は、いわば、公務員の見習い期間の修練所であり、行政官職につくための第一歩でなければならない。私がこういう考えを思いついたのは、パリの公立施療院の管理とリヨンの公立施療院の管理の比較によってである。パリのそれは、周知のごとく公金私消と盗賊行為の巣窟であり、リヨンのそれは、おそらく世界に比類のない秩序と清廉の模範である。この相違はどこから来ているのだろうか。リヨンの人々それ自身がパリの人々よりもすぐれているのだろうか。そうではない。リヨンの場合には、その管理の職は一時的な身分であって、人は、まずこの職を立派につとめあげてのちにはじめて町役人や市長になることができる。それに反して、パリの場合には、その管理者は、身分上、一生涯その職にある。したがって、パリの公立施療院管理者にとっては、その職は、修練期間ではなく職業であり、報酬であり、いわば諸身分に付属した一身分であるから、彼らは、その職から最大限の利益をひきだすことばかりを考えている。このように、貧しい者から盗む権利を行使することによって収入をふやすのがよいとされているような地位が、いくつか存在するのである。

そこで、徴税の管理に話を戻せば、その仕事が、若者の持ちうる以上の経験と知識を要求しているとは考えないでいただきたい。その仕事は、とくに若者にふさわしい活動を要求しているだけである。彼らは、通例、徴税にさいして年長者よりも貪欲でも冷酷でもなく、また、一方では貧困者の窮状に対して同情の念を持ち、他方では、自分たちにとって修練になるこの職責を立派に果たそうという強い熱意を持っているから、まさにこの職にふさわしいように振舞う。

各聖堂区の徴税人はその行政管区に報告を提出し、各行政管区の徴税人はその裁判管区に、各裁判管区の徴税人は中央の会計院に、それぞれ報告を提出することになる。会計院は、若干名の国務顧問官で構成され、総督によって主宰される。こういう徴税管理体制ができあがると、国庫は、その大部分が農産物およびその他の生産物からなり、それらは、王国（四三）全体に分散された小さな倉庫に収められる。国庫の残りの部分は貨幣からなるが、それは、徴税の現地で支出される若干の経費を控除したのちに、中央金庫に収められる。

もろもろの個人は、裁判管区ごとに毎年決定される税率に従って、自分たちの割当て額を貨幣で払うか現物で払うかつねに自由に選択できることになるから、貨幣納の税と現物納の税とのあいだの比率が重要な問題になる。政府は、その両者のあいだにありうべきもっとも望ましい比率をまずもって計算しておき、実際の徴税にさいしてその比率が変化すれば、ただちにその変化についての報告を受け、その原因を検討して対策を講じるという態勢になっていなければならない。

この点こそが、われわれの政治的統治の鍵であり、技術と計算と熟慮を要する唯一の部分である。それゆえにこそ、他国ではどこでもごく下級の行政裁判所にすぎない会計院が、ここでは、政務の中心に位置し、行政の全体を動かし、国家の最高の頭脳で構成されなければならないのである。

現物での徴税が予定の限度を超え、貨幣での徴税が予定の限度に達しないという場合には、そういう現象は、農業と人口は発展しているが有用な工業がなおざりにされているということの徴候であろう。そういう場合、人々が、あまりにも孤立し独立し野性的になりすぎて、政府から離れてしまうおそれがあるから、有用な工業をある程度まで奨励するのが適切であろう。

このように、現物納がふえすぎるという方向に比率が崩れる場合には、それは疑いもなく繁栄の徴候であって、つねにほとんど恐れる必要はなく、対策もまた容易であろう。だが、それと反対の方向に比率が崩れる場合には、事態はそれと同じではない。そういう徴候が少しでも感じられ始めたならば、事態はきわめて重大であり、一刻も早く対策を講じなければならない。なぜならば、担税者が現物よりも多くの貨幣を納めるようになるという場合、それは、外国への輸出がふえすぎ、商業があまりにも容易になりすぎ、儲けの多い工芸が島内に拡まりすぎて農業が犠牲にされ、その結果、農業と結びついている素朴さやその他のあらゆる美徳が頽廃し始めているということの確実な徴候だからである。貨幣納の比率がふえすぎるという変化の背景に、こういう好ましからざる情況があるということがわかれば、それに対して講じるいくつかの対策もまたおのずと明らかである。しかしながら、薬は投与の仕方が難しいのと同様、それらの対策をどのように用いるべきかという点にこそ、大いに知恵を働かせなければならない。けだし、この場合、発病してしまった病気をなおすよりも、それを未然に防ぐほうが容易だからである。

もし奢侈品に課税し、外国貿易に対して港を閉ざし、マニュファクチュアを廃止し、現金の流通を止める、という対策だけをとるならば、それは、人民を怠惰と貧困と無気力に追いやってしまうばかりであろう。そういう方法は、物資を増加させることなく貨幣を消滅させ、仕事のみなもとを再建することなく富のみなもとを奪ってしまうことになろう。他方、貨幣を改鋳してその実質価値を下げるという操作もまた、共和国においてはよくない方法である。なぜなら、第一に、そういう操作をすれば、公衆が自分で自分から盗んでいるようなもので、まったく無意味だからであり、第二に、貨幣という標章の量と流通している商品の量のあいだには一定の比率があって、その比率がそれら相互の価値をつねに一定に保っているから、統治者が貨幣標章の価値を変えれば、それに伴って商品の価値も必然的に同じ比率で変わることになり、したがって、結局は名称を変えただけになるからである。王国では事情は別で、君主が貨幣の実質価値を下げれば（四四）、彼はそれだけ彼の債権者から盗むという実際上の利益を得る。だが、そういう操作が繰り返されると、その利益は公信用の失墜によって帳消しになってしまう。

一つの対策として、奢侈取締令を制定するのがよいであろう。ただし、奢侈の制限について、国家の上層部に対してはつねに厳格に、下層の人に対しては緩やかにしてもらいたい。そうすれば、質素であることがかえって自慢になり、富裕者もそのカネを誇ることができず、望ましいのである。これは、けっして、実行不可能な空論ではない。事実、ヴェネツィアでは、パドヴァ産の粗悪な黒ラシャを着ることが貴族だけの権利とされており、その結果、最上層の住民は、同じ粗服を着る許可を得ることを名誉としている。

土地集積制限法を制定するのも一案であるが、それは習俗がまだ淳朴であるような初期のうちこそ必要である。なぜなら、そういう時期には、土地以外に投資の対象がないため、富裕者が土地を集積し始めているときだからである。だが、土地集積制限法もその他の法律も、けっして遡及効果を持ちえない。つまり、あとになって一定限度以上の土地を持つことを禁止する法律を制定したからといって、すでに合法的に獲得されてしまっている土地について、たとえそれがどれほど大量になっていようとも没収することはできないのである。

いかなる法律も、いかなる個人財産のいかなる部分も没収することはできない。法律は、ただ、人がさらに多くの財産を獲得するのを阻止することができるだけである。そののちにもし人がその法律に違反するならば、彼は処罰に値し、不法に獲得された部分は没収されうるし、また没収されるべきである。ローマ人は、すでに時期を失したのちになってから、土地集積制限法の必要を認めた。そして、いま私が述べたところの没収と阻止の区別をしなかったために、彼らは、ローマ共和政を保持するはずの手段によって、かえって共和政の倒壊を招いてしまった。すなわちグラックス兄弟は、貴族がさらに多くの土地を獲得するのを阻止することしかできなかったはずなのに、貴族がすでに持っている土地を奪おうとして失敗したのである。もちろん、この法律の制定ののちにも、同じ貴族が土地を不法に獲得し続けたことは事実である。だが、それは、法律が制定されたときには病気がすでに慢性になっていて、治療の時機を失したからである。

おそれと希望は、人々を統治する二つの道具である。だが、その両者を無差別に使用すべきではなく、それぞれの性質に応じて使用すべきである。おそれの念は、人々を活気づけるのではなく、人々を抑制する作用を持つ。刑法の領域でそれが利用されるのは、人々をして善ならしめるためでなく、悪をなすのを阻止するためである。われわれの見るところでは、困窮をおそれる気持ちだけでは怠け者を積極的に勤勉にすることさえできない。したがって、人々のあいだに真の勤労意欲を喚起するためには、働かないと飢えると言っておそれさせるべきでなく、働けば安楽になれると言って希望を抱かせるべきである。こうして、人は、何事かをなさなかったがゆえに罰せられるべきでなく、何事かをなしたがゆえに罰せられるべきである、という一般的準則が立てられるであろう。

そこで、一国民の活動意欲を喚起するには、その国民に、大きな希望、そして行動への大きく積極的な動機を提示しなければならない(四五)。人間を行動にかりたてる大きな動因は、よく検討してみれば、結局は快楽と虚栄心の二つに帰着する。しかも、快楽から虚栄心に属す一切を取り去ってしまえば、結局のところ、すべてはほとんど虚栄心だけに帰着することがわかるであろう。これ見よがしに快楽を追求している人たちがすべてむなしい虚栄心を求めていることは、たやすく理解されよう。彼らが快楽と称するものは実は見せびらかしにすぎず、それは、快楽を味わうこと自体より、快楽を人に見せたり描いたりすることに存する。真の楽しみは簡素で静かなものであり、それは沈黙と瞑想を愛する。真の楽しみを味わっている者は、そのこと自体を楽しみ、私は楽しんでいるなどと言って喜びはしない。ところで、虚栄心は世論の果実である。虚栄心は、世人の好尚から生まれ、それを土壌として育つ。それゆえ、公衆の好みを左右する人が、同時に公衆の行動を左右する人である。公衆は、ある物に価値があると思ったり思わなかったりする度合に応じて、その物を求めたり求めなかったりする。だから、人民に対して、諸君の尊重すべきものはこれだ、と示してやることこそが、人民にそのなすべきことを教えてやることなのである。

虚栄心という表現はあまり適切でないかもしれない。というのは、虚栄心というものは利己心の二つの分肢のうちの一つにすぎないからである。もう少し説明が必要であろう。世人の好みがつまらぬものに大きな価値を置いているような場合には虚栄心が生まれる。だが、世論が真に偉大で美しいものを尊ぶ場合には誇りが生まれる。それゆえ、ある人民を導いていかなる対象を尊重するようにしむけるかによって、人は、その人民を誇り高き人民にも虚栄的な人民にもすることができる。

誇りは虚栄心よりも自然な心の動きである。なぜなら、誇りというのは、自分の持っている真の長所にもとづく利己心だからである。これに対して、虚栄心というのは、無価値なものを尊ぶことによってゆっくりと形成されてくる偏見の所産である。一国民が虚栄心に眩惑されるには時間がかかる。

一国民にとって、独立と活力以上に本当に美しいものはないから、どんな国民でも、その形成期には、まずもって誇り高い国民である。新しく生まれた人民は、けっして虚栄的ではない。なぜなら、虚栄心は、その本質上、人民の一人ひとりを次第に眩惑するものだからである。こうして、一国民を形成するというような偉大な事業を行なうに当たっては、虚栄心をその道具に使うことはできない（四六）。

二つの、相互に正反対な状態が、いずれも、人間を怠惰な無気力のなかにおちいらせる。一つは、自分の所有しているものに満足して、心の平安を得ているという状態であり、もう一つは、飽くことを知らぬ渇望を抱いて、その欲望の満足が得られないことに絶望しているという状態である。欲望なく生きている者も、欲するものを得られないことを知っている者も、ともにひとしく無為のままに過ごすことになる。行動するためには、何ものかを求めることと、そこに到達する希望を持ちうることが必要である。およそ人民をして活動的たらしめんと欲する政府は、人民の心をひきつけるような対象を人民の手の届くところに置くように配慮しなければならない。労働が、諸君の眼からばかりでなく公民の眼から見ても大きな利益をもたらすよう配慮してごらんなさい。そうすれば、間違いなく諸君は公民を勤勉にすることができるであろう（四七）。これらの利益の内には富というものも含まれるかもしれないが、人々にとって魅力のあるものを獲得する手段として富が役に立たないということになっているかぎり、富は、かならずしももっとも魅力あるものにはならないし、他のどんなものよりも魅力に欠けるということさえありうるのである。

欲望の種類が何であっても、欲望を満足させる手段として人が用いうるもっとも一般的でもっとも確実なものは、権力である。したがって、ある人間もしくはある人民が何らかの情念にとらわれるとき、その情念が強ければ、彼らは激しく権力を渇望する。権力を渇望するといっても、誇りや虚栄心にとらわれている人は、権力そのものを目的として追求するし、復讐心や享楽心にとらわれている人は、権力を手段として追求する。

それゆえ、国家権力の当を得た管理のなかにこそ、統治のもっとも重要な技術が存する。それは、たんに統治自体を維持するためではなく、国家全体に活気と生気をみなぎらせ、人民を活潑にし勤勉にするためでもある。

国家権力は二つの方法で行使される。一つは、政府当局による正当な行使であり、もう一つは、富による不当な濫用である。富が支配しているところではどこででも、権力と政府の官職は分離されているのが通例である。なぜなら、富を獲得する手段と政府の官職にいたる手段は同じではなく、両方の手段が同じ人々によって用いられることはまれだからである。そのような場合、外面的な権力は行政官の掌中にあるが、現実の権力は富裕者の掌中にある。そのような統治のもとにおいては、万事は人間の情念のまま動き、何事も体制の設立の目的に向かって動きはしない。

そうなると、欲望の対象は分割されることになる。ある層は政府の官職につくことを渇望するが、それは、その行使を富裕者に売って自分が富裕になるためである。そして、他の大多数は直接に富を求めるが、それは、富さえ持っていれば、やがて、政府の官職を買ったりその座にある者を買収したりして、確実に権力を手に入れることができるからである。

このように構成された国家において、一方では栄誉と官職が世襲的で、他方では富を獲得する手段が少数者だけの手の届くところにあって、しかも信任や庇護や仲間の関係に依存している、という状態を仮定してみよう。そういう場合には、一方で若干の山師が富を手に入れ、それを通じて次第に役職を手に入れるようになるのに対し、国民の大多数はすべてに失望し、沈滞してしまう他はないのである。

〔断片（四八）〕

こうして、一般的に言えば、およそ富裕な国民のもとにおいては政府は弱い。そして、私が弱い政府と言う場合、それは、弱々しくしか行動できない政府をさすとともに、同じことであるが、暴力的な手段をもってしなければみずからを維持できないような政府をさしている。

この点についての私の考えをもっともよく明らかにしてくれる例証は、カルタゴとローマの例である。カルタゴは、将軍や行政官、構成員を虐殺したり十字架にかけたりしたが、たえず何かにおびやかされゆさぶられている弱い政府であるにすぎなかった。ローマは、だれの生命も奪わず、財産の没収さえ行なわず、重罪の被告人も黙ってその国を立ち去ればそこで裁判は終了した。このすばらしい統治は、活力に満ちていたので残虐さを必要としなかったのであり、構成員にとってもっとも重い罰は、その国から追放されることだったのである。

労働が名誉あるものとされるとき、人民は勤勉になる。そして、労働を名誉あるものたらしめることとは、つねに統治のなすべき仕事である。また、栄誉と官職が公民の手の届くところにあるようにし

てもらいたい。そうすれば、彼らはそれを得ようと努力する。逆に、それが手の届くところにないなら、一歩も進まないであろう。彼らをして意気沮喪せしめるものは、労働の苦しさではなくて、労働の無益さである。

統治に必要な能力は畑を耕しながら得られるものだろうか、そう問う人がいるかもしれない。私は、われわれが設立しようとしているような簡素で公明正大な統治においては然りであると答えよう。統治のための特別にすぐれた才能というものは、祖国愛の熱意の欠如を補うものであって、自分の国をまったく愛さず自分の指導者をまったく尊敬しないような人民を導くには、そういう才能が必要である。だが、大事なのは、人民をして公共のことに愛着を感じるようにしむけることであり、美徳を求めることである。それさえできれば、統治のための特別にすぐれた才能などというものは持ちださないほうがよろしい。そんなものは、善をなすよりかえって弊害のほうが多い。統治の最良の原動力は祖国愛であり、その祖国愛は、畑を耕しているうちに涵養される。善き体制を持った国家を導くには良識があれば十分であり、良識というものは、頭のなかと同様に心のなかで練成される。情念によって盲目にされていない人間はつねに立派な振舞をする。

人間は、その本性からして怠けがちである。だが、社会がよく秩序だてられていれば、その第一の成果として、労働にいそしむようになる。逆に、ある人民がふたたび怠惰と無気力のなかにおちいることがあるとすれば、それは、つねに、労働に対してふさわしい報酬をもはや与えなくなったその社

会の弊害によってなのである。

貨幣が支配しているところではどこででも、人民が自分の自由を守ってもらおうと思って提供するカネが、つねに人民を隷属化する道具に使われてしまう。そして、今日、人民が自発的に支払っているカネが、明日は、人民に強制的に支払わせるために利用される。

島内で生まれるすべての子供は、法規の定めに従って成年に達するとき、共和国の公民となりその構成員となる。そして、何びとも、この方法によってしか、共和国の公民および構成員になることはできない。

したがって、国家《シテ》の権利は、いかなる外国人に対しても与えられない。ただし、もし、国家《シテ》の権利を得たいという外国人がいて、それにふさわしいと判断されたならば、五十年ごとに一回だけ、ただ一人に対して、国家《シテ》の権利が与えられる。もし複数の希望者がいれば、そのなかのもっともふさわしい一人だけに対して、それが与えられる。その外国人は、全島を挙げての祝祭によって歓迎されるはずである。

満四十歳になっても結婚せず、結婚したこともないコルシカ人〔男性〕は、すべて、生涯にわたって国家《シテ》の権利を剥奪される。

住居を変更して、ある行政管区から他の行政管区へ移る者は、すべて、三年間国家《シテ》の権利を失う。三年後、所定の税を支払うことによって、その者は、新しい行政管区に登録される。所定の税を支払わない場合には、それが支払われるまで、その者は国家《シテ》の権利を失ったままでいる。

何らかの公職についているすべての者は、前条の規定から除外される。それらの者は、その職責に任じているかぎり、彼らの赴く行政管区において、国家《シテ》のすべての権利を認められるべきである。

コルシカ人は、ジェノヴァの支配のもとに置かれていた。約四十年前、彼らはその支配に抗して反乱に立ちあがったが、どれほどのひどい仕打ちが反乱を余儀なくさせたのかは、人のよく知るところである。そのとき以来、彼らはみずからの独立を維持し続けてきた。それにもかかわらず、文筆業者は、彼らを呼ぶのにつねに反逆者の名をもってし、しかも今後何世紀にわたってそう呼び続けるかわかりはしない。今日の世代は、コルシカ人の経験した隷属状態がどんなものであったかを見たこともないのだ。生まれながらにして自由であるべき人間が、その勝ちとった自由を維持し続けているとき、それがどうして反逆者なのだろうか。そんな呼び名をあえてする理由はまったくわからない。しかも、うまく王位の簒奪に成功した人間は、二、三年もすれば神聖な君主となり正当な国王と呼ばれているのに、である。こうして、時効は、つねに暴君の支配に対してのみ有利に作用し、自由の獲得についてはけっして有利に作用しない。こういう呼び名をあえてする気持ちは、それなりに理由もあり、その支持者たちにとっては大切な気持ちなのであろう。だが、幸いにして、言葉と実体は別物である。みずからの血をもって自由をあがなったコルシカ人は、反逆者であろうが、ジェノヴァ人や文筆業者が何と言おうとも、自由であり、かつ、自由であるに値する。

それぞれの行政管区において、各個人が所有しているすべての土地の台帳が作成される。

何びとも、その所属する行政管区の外で土地を所有することはできない。

何びとも、以上(四九)の面積の土地を所有することはできない。この最高限度の面積の土地を所有する者は、その限度内で土地の交換をすることはできるが、たとえ地味の悪い土地と交換する場合でもその限度を超えることはできず、また、土地の贈与や遺贈を受けることもできない。

諸君は、三年のあいだ自由な人民を正しく統治してきた。それゆえ、その人民は、さらに今後三年にわたって、同じ統治を諸君に委任する。

いかなる独身男性も遺言をすることができない。その遺産すべては共同体に帰する。

コルシカ人よ、静粛にしてもらいたい。私は、万人の名において語ろうとしているのだ。同意できない人は立ち去ってもらいたい。そして、同意する人は手を挙げてもらいたい。

この法令に先だって、以下の命令を含む一般的宣言が発せられなければならない。すなわち、各人は、定められたときまでに住居のある場所に戻らねばならず、それに違反した場合には、出生に伴う権利と国民たるの権利を喪失する、という命令である。

Ⅰ

コルシカの全国民は、厳粛な宣誓によって唯一の政治体に統合され、国民を構成すべき諸団体も、また諸個人も、今後はその政治体の構成員になる。

Ⅱ

この統合式典は、全島において、同じ日に祝われる。そして、すべてのコルシカ人は、それぞれがその町や村や聖堂区で、できるかぎりその祝典に出席すべく、その細目については別にこれを定める。

Ⅲ

宣誓は、屋外で、聖書に手を置いて、次のような形式で行なわれる。

全能なる神の御名において、聖なる福音書にもとづき、神聖にして取り消しえざる誓いによって、私は、自分の身体、財産、意志、および力のあらんかぎりをあげて、みずからをコルシカ国民に合体せしめ、こうして、私自身、および私に属する一切のものは、その所有物の一切をあげて、コルシカ国民のものになる。私は、コルシカ国民のために生き、そのために死に、そのすべての法を守り、法にかなった一切のことに関してその合法的な為政者と行政官に服従することを誓う。かくて、神がこの世の生において私を助け、私の魂に慈悲を与えたまわんことを。コルシカ人の自由と正義と共和国よ、永遠なれ。アーメン。

この宣誓に続いて、すべての人が右手をあげて、アーメンと答える。

各聖堂区においては、この祝典に出席したすべての人々の正確な台帳が作成され、人々の名前、父の名前、年齢、および住所が記録される。

正当な理由によってこの祝典に出席できなかった人々については、この厳粛な宣誓の日からおそくとも三か月以内に、別の日を定めて、同じ宣誓をなし、その名前を台帳に登録してもらうことが認められる。その期間が過ぎたのちには、この宣誓の義務を果たすことを怠ったすべての者は、その権利を失い、外国人ないし候補生の等級にとどまる。この等級についてはのちに述べられる。

ある国は、その土地ができるだけ多くのものを産出しているとき、すなわち、その土地が必要とするだけの耕作者を持っているとき、その国の独立のための最大の力を持っていることになる。

五人以上の子供がいる場合には、五人を超える子供のそれぞれについて、村の共同地が割当てられる。

子供の数をかぞえる場合、島内に不在の子供を持つ父親は、その子供が帰還したのちでなければその子供を計算に入れることはできない。そして、満一年以上島外にあった子供は、たとえ帰還したのちであっても、計算に入れられない。

人々を迷信から遠ざけなければならない。そのための方法としては、人々が市民としての義務の履行に大いに時間を割かれるように仕向けること、国民的な祭典を大いに華麗にすること、聖職者の司式する儀式にはなるべく行かないように仕向け、代わりに、非宗教的な儀式になるべく出席するように仕向けること、などがある。そして、これらの方法をとる場合、若干の手だてを用いれば、聖職者の憤慨を招くこともないであろう。その手だてというのは、聖職者にも若干の役割を果たす余地を残しておいてやり、ただ、その役割をなるべく小さくして、人々があまりそれに関心を向けないようにする、ということである。

あらゆる生き方のなかで、人間をその国にもっとも強く結びつける生き方は、農村的な生活である。

護法官という官職が設けられる。護法官は、いつでも、その欲するときに、全身分会議を召集することができる。そして、全身分会議の召集の日から、その会議が終わる翌日まで、行政長官と国務顧問会議の職権は停止される。

護法官の身体は神聖不可侵であり、島内には、彼らを逮捕する権能を有する者は一人もいない。それぞれの行政管区は、いつでも、その欲するときに、この管区の護法官を解任して他の人間と交換させることができる。だが、明示的に解任されないかぎりは、護法官は終身官である。

元老院によって臨時に全身分会議が召集されたときには、元老院ないし行政長官が解任されないかぎり、全身分会議は解散されえない。(五〇)

相続に関する法律は、すべて、事物を平等の方向に導くことをもって本旨とすべきである。つまり、相続にさいしては、各人がそれぞれ若干のものを得て、だれもが多く持ちすぎないようにすべきである。

居住する行政管区を去って他の行政管区に移住するコルシカ人は、三年のあいだ、国家《シテ》の権利を失う。三年が経過したとき、本人が登録を申請すると、その旨が公示され、当人に不利な事由の申し立てが何もなければ、その者は、新しく居住した行政管区の台帳に登録される。その場合、彼は、もとの行政管区で彼が登録されていたのと同じ等級に、つまり、公民であったなら公民に、同国人であったなら同国人に、候補生にすぎなかったなら、候補生に登録される。

そして、コルシカ人は、武装解除されるという恩恵を得るために、租税を支払わなければならなかったのである。

島には幌付四輪馬車のような贅沢品が存在してはならない。聖職者や婦人は二輪馬車を利用してもよい。だが、俗人男性は、いかなる身分の者であっても、不具者か重病人でないかぎり、徒歩か馬でしか旅行してはならない。

何びとも、その利害にかかわることについて宣誓することを許されない。しかし、宣誓は、……(五一)

何びとも、負債のゆえに投獄されえない。そして、債務者の家において差押さえがなされる場合でさえも、債務者には、その身を包む衣類はもとより、その犂、牛、寝台、その他の不可欠な家具は残しておかねばならない。

満二十歳未満で結婚したり、満三十歳以後になってはじめて結婚したり、あるいは、満十五歳未満の娘と結婚したり、自分の年齢と二十以上も歳の違う娘や未亡人と結婚したりする男性は、すべて、

公民の等級から除外される。ただし、国家へささげたその奉仕によって公的褒賞としてその等級に入ることを許される場合は、その限りではない。

島のさまざまな生産物は不均等に分布しているのであるから、交易の道をまったく閉ざしてしまってはならない。この場合、人民の先入見や短慮というものも、ある程度は考慮に入れなければならない。自分に欠けている物資を同国人のもとで求めるために近隣まで出かけて行くことも許されないということになれば、人民は、われわれの法律を、気まぐれで苛酷にすぎると言って非難するであろうし、その法律に対して反抗するか、もしくはひそかにそれを憎むにいたるであろう。

もし、われわれが、貨幣なしですますことができ、しかも、貨幣が与えるすべての利益をも持つことができるならば、その場合、われわれは、貨幣形態の富とともに利益を享受する場合よりもずっとよく利益を享受することになるであろう。なぜなら、われわれは、貨幣に付随して利益を毒するもろもろの悪徳から、利益だけを分離したことになるのだからである。

何びとも、身分として行政官になったり、身分として兵士になったりすることがあってはならない。だれでもが、祖国の求めに応じて、どんな職務でも果たせるように準備していなければならない。島内には、公民の身分の他にはどんな恒久的身分もあってはならず、この公民身分だけがその他のすべての身分を含んでいなければならない。

コルシカ人にとって貨幣が有用であるかぎり、彼らは貨幣を愛好するであろう。そして、彼らが貨幣を愛好するかぎり、共和国は密偵や裏切者のような獅子身中の虫をかかえこむことになるであろう。その獅子身中の虫は、さまざまな審議を左右して、いわば国家をもとの支配者に隷属させてしまうであろう。

自由が回復されたのちに見られる熱狂は、活気に満ちているがいつも短期間しか続かないものである。そういう熱狂をけっして頼りにしてはならない。民衆のヒロイズムは瞬間的な激情であって、そのあとには沈滞と弛緩が訪れる。ある人民の自由は、その人民の恒常的な存在様式の上に基礎を置かれるべきであって、彼らの一時的な情念にもとづくものであってはならない。なぜなら、情念は、うつろいやすいものであり、その対象を変えがちだからである。これに反して、善き国制の効果はその国制そのものが続くかぎり永続する。そして、どんな人民でも、自由を大切なものだと思っているあいだしか、自由であり続けることはできないのである。

どんな種類の特権でも、それを得る個人の利益になり、それを与える国民の負担になるのだということを、人々がよく思い出してくれるように願う。

すべての暴力的な統治は、人民を弱い状態にとどめようと欲しながら、人民を利用してみずからの

統治を強力な状態に置こうと欲するという、滑稽な矛盾におちいっている。

この国民は、けっして世に名高くはならないであろう、だが、幸福になるであろう。この国民は、世の話題になるまいし、海外で重視されることもほとんどあるまい。だが、この国民は、その内部に、豊富と平和と自由を持つであろう。

長老の仲裁を拒否したり、いったんそれを受け入れても、正規の裁判で敗訴すると長老の裁定に従うことを拒否したりするような訴訟人は、すべて、記録にとどめられ、五年間はいかなる公務を行なうことも禁じられる。

コルシカ人男子と結婚する公民の娘は、すべて、その夫の等級がなんであっても、夫の属する行政管区から持参財産を与えられる。持参財産はつねに土地であって、もし夫が候補生であるならば、その夫を同国人の等級に昇格させるのに十分なものである。(五二)

あらゆる統治のなかで、民主政はつねにもっとも経費のかからないものである。なぜなら、そこでは、公共の豊さは人間の数の多さの内にしかなく、人民が主人であるところでは、権力は外見の華美を何ら必要としないからである。

二つまたはいくつかの国家が同一の統治者に属しているということは、権利にも理性にも反することではない。だが、一国家が他の国家に従属しているということは、統治体の本性と相容れないことであるように思われる。

私は、コルシカ国民が私の原理とまったく相反する先入見を持っていることを知っているとはいえ、私は、自分の原理を彼らに採用させるために手段を尽くして説得しようとはまったく考えていない。むしろ逆に、私は、彼らの心をひくような一切の文飾を捨てて、簡単明瞭に私の意見と道理を語りたいと思う。けだし、私の考えが間違っていることも十分にありうるし、彼らが私の考えを採用して迷惑をこうむることがあってははなはだ遺憾だからである。

多年にわたってコルシカを引き裂き、ついにはピサやジェノヴァに頼ることを余儀なくさせたあの不和、抗争、内乱——、それらは一体どこからコルシカにやって来たのか。それらすべては、コルシカ貴族のしわざではなかったか。人民を絶望させ、あまたの暴君の猛威のもとで苦しむよりはむしろ隷属下にあっても平穏なほうがいいとさえ人民に思わせたのは、コルシカ貴族ではなかったか。軛を振り切って自由になったいま、人民は、その軛に服することを余儀なくさせた状態にふたたび戻ることを望むであろうか。

私は、彼らに道徳の説教をしようとは思わないし（五三）、美徳を持てと命じようとも思わない。むしろ、

私は、彼らが美徳という言葉を知ることなしにおのずから美徳を持つであろうような状態に、彼らを導きたいと思う。そして、彼らが、正義や善の何たるかを深くは知ることなしに、おのずから善良であり公正であろうような状態に、彼らを導きたいと思う。

どうしてそういうことになるかはわからないが、台帳や帳簿をもっとも多く使う仕事にかぎってもっともごまかしの多い仕事であるということを私は知っている。

ローマの青年たち(五四)は、軍隊を指揮するに先だって、軍隊の財務官や主計官をつとめることから始めたが、彼らの場合はそういうふうであった(五五)。こういう財務担当者は、さもしい人間ではなかった。公金をごまかして利益を得ることができるなどということは、彼らの頭に浮かびさえもしなかった。そして、軍事用の金庫は、何の危険もなしに、カトー(五六)のような人物の手にわたることができた。

奢侈制限法によって奢侈を禁止する(五七)代わりに、奢侈を不可能にするような行政によってそれを予防するほうがよい。

よく探せば、島内に鉄の鉱山が発見されるであろうと私は信じている。鉄の鉱山が発見されるほうが、金の鉱山よりもずっとよいであろう。

そして、疑わしい場合でも、別の状態に自然に移っていけるような状態から出発するほうがよい。そうすれば、別の状態のほうが望ましいと思えばいつでもそこに移っていける。そういう状態から出発するほうが、あと戻りができないで前途には破滅と滅亡しかないというような状態から出発するよりもずっとよい。

上記の諸家族が享受している諸特権（五八）（Le prerogative che goderanno le sudette famiglie）

共和国の精神は、軍人が行政官に完全に従属し、法の執行者のまたその執行者であることを自覚する、ということを必要とする。ところが、この論文は、そういう共和国の精神にとって破滅的である。もっとも重要なことは、軍人はけっしてそれ自身で一つの身分ではなく、公民の身分がたまたま軍人という職務を帯びているにすぎない、ということである。もし、軍隊の内部で貴族が特権や特別待遇を持つならば、間もなく、武官は、自分が文官よりも上位にあるのだと思うようになるであろう。そうなれば、共和国の指導者は、道化者としかみなされなくなるであろう。そして、軍事的に統治される国家は、たちまちのうちに専制支配のもとにおちいるであろう。

すべてが法に由来するということを学ぶ最良の手段は、公務についていて大いに尊敬されていた人間がやがて一介の私人の身分に戻るのを見ることである。そして、その人間自身にとっても、やがては自分も確実に一般人に戻るのだと思っていることが、個人の権利を維持するための大きな教訓になる。

たとえば、カポ＝コルソ郡は葡萄酒以外のものをまったく生産しえないから、島内の他の地方でたくさん葡萄酒が作られてこの郡の葡萄酒が売れなくなってしまうというような事態が生じることは、防止しなければならない。

けだし、個人の所有権がきわめて弱く、きわめて従属的であるから、政府は、ごくわずかな力しか必要でなく、いわば、指一本動かすだけで人民を指導する。

自分の企てようとしていることが合法的であるかどうかをたずねるために、神学者たちを集めようなどと考えつく統治者が、一体どこにいるだろうか。

序文（五九）

私は、ジェノヴァ共和国に対して深甚なる敬意を有しております。ときとして、主権者のすべてに対して私が少しばかり苛酷な真理を開陳することがありましても、私は、それぞれの主権者個人に対しては敬意を失わないのであります。そして、人が主権者に対してもっとしばしば真理を直言し、主権者が時折それを聞き届けてくださるならば、それは、主権者自身の利益のためにもよいことだと思われるのです。

私が、ここで、賦役やその他の強制労働を絶対的な善だと主張しているわけではないということに、どうか注意してもらいたい。もし、支払い手段としての貨幣が、無数の弊害を際限なくもたらしたり、強制的賦役に伴う不都合よりもずっと大きくずっとはなはだしい不都合を際限なくもたらしたりすることがないとするならば、そして、とりわけ、課税する者と課税される者とが同じ身分である場合には、賦役などのすべてが自由に貨幣の支払いで代行されるほうがよいということになろう。(六〇)

一種類の収入、つまり、土地からの収入しか存在しないような場合には、一種類の財産、つまり、土地そのものしか存在しないことになるであろう。

というのも、公的所有権の真の精神は、個人的所有権が直系においてきわめて強く、傍系においてきわめて弱い、もしくはゼロであるからである。

物資の信用を高め、貨幣の信用を落とすためには、比率を高める必要がある。(六一)

コルシカ人は、ほとんどまだ自然で健全な状態にあるが、彼らをその状態のままに維持するためには、多くの技術が必要である。なぜなら、彼らの持っている先入見が、彼らをその状態から離れさせるからである。彼らは、まさしく彼らに適したものを持っているのに、彼らにとってよくないものを欲しがっている。彼らの感性は正しいのに、にせの知性が欺いている。彼らは、近隣の諸国民のにせの輝きを見て、そのようになりたいと熱望している。それというのも、彼らは、近隣諸国民の貧窮を感じることがなく、自分たちのほうがはるかにいいのだということを知らないからである。

物資の輸出を阻止すること。そうすれば、過大な所有を根絶することができる。

高貴なる民よ、私は、人間によって発明された人為的で体系的な法を諸君に与えようと望んでいるのではなく、自然と秩序のみに依拠する法のもとに諸君を導こうと望んでいるのである。そういう法こそが、魂に働きかけて、意志をしいたげることがけっしてないのである。

訳注

以下の訳注は、主としてプレイヤード版およびヴォーン版に付された注に従って作成されたが、全体にわたって、ジュネーヴ図書館所蔵手稿 Ms. fr. 229 の写真コピーを参照した。訳注で手稿というのはそれをさし、手稿の枚数は（ ）に入れて示した。手稿および諸版の細部の異同は、煩を避けて注記を略した場合が多い。なお、木崎喜代治氏の邦訳『コルシカ憲法草案』（未来社「社会科学ゼミナール」65、一九七九年）における綿密な校訂を参照させていただいた。

（一） 国民に合わせて統治の形態を決める former la gouvernement pour la nation よりも、統治にふさわしいように国民を形づくる former la nation pour le gouvernement ほうがよい、という考えは、本文の手稿（一三枚目）の裏面にも記されている。本訳注（一二）を見よ。

（二） 本文は、もと、次の一文で始められていたが、ルソーはそれを抹消している。「もしも、コルシカの島が、完全に自由で、その住民だけに帰属しているとすれば、この島は、その位置と利点を生かして繁栄した状態になり、イタリアの他の諸強国の例にならって制度を定め、その産業や海運、商業によって、外に向かって頭角をあらわすことができるであろう。」

（三） ジェノヴァの支配に対するコルシカ人の反乱は、通常、一七二九年のボツィオ村の蜂起から始まるとされているから、この草稿が書かれた一七六五年から見れば、三十六年前である。四十年というのは概算にすぎない。

（四） ルソーは、手稿の下部に、＊印をつけて次のように記しており、これは、おそらくこの個所の注記のつもりであろう。「バルバリ人は、現在はほとんどコルシカ人に脅威を与えていないが、それは、彼らが、コルシカ人から奪えるものは何もないことを知っているからである。だが、コルシカ人が商業のいとなみや商品の交換を開始するであろうときには、たちまち、彼らは略奪の猛威をふるうであろう。それは諸君にとって大きな負担になるであろう。」なお、バルバリ人 barbaresques というのは、当時、北アフリカの地中海沿岸一帯の住民をさす呼び名であって、その海賊行為をもって恐れられた。

（五）この一文とまったく同じ句、「強大国にとっては貪欲の、弱小国にとっては羨望の、不断の対象」という句が、手稿一枚目のなかほどに記されており、これは、おそらく、本文冒頭の一句、「コルシカ島は有利な位置にあり」の次に挿入されるはずだったのであろう。

（六）この文章の前に、ルソーは次のように記し、それを抹消している（手稿五枚目の裏）。「国家の力と富は、ひとえにその人民の数にかかっている。貨幣さえも、人間を持つための一手段にすぎない。」なお、この抹消部分の最初は、ヴォーン版でもプレイヤード版でも、「国家の富の力」la force de la richesse とされているが、手稿によれば、木崎氏が判読したとおり、明らかに「国家の力と富」la force et la richesse である。

（七）本文のこの節または次の節への注記のつもりらしく、ルソーは、手稿六枚目の裏に、次の一節を記している。「侵略者のほとんどは、自分の権力を強化するために、次の二つの手段の内のいずれかを用いた。第一は、征服した人民を貧困化し野蛮化することである。もう一つは、逆に、教化し富ませるという口実のもとに彼らを女性化することである。この二つの手段のうちの前者は、つねに、その目的とは逆の効果をもたらした。つまり、その結果として、つねに、怒れる人民の側から、激烈な行動、革命、共和政がもたらされることになった。だが、後者は、つねに、その所期の効果を収めた。つまり、人民は、柔弱になり、腐敗し、きゃしゃになり、理屈ぽくなって、隷属の屈辱のなかにありながら自由について派手な弁舌を弄しつつ、すべてその支配者のもとで押しつぶされ、征服者によって破滅させられたのである。」

（八）ここでルソーは、当時のフランスで流行していた農業熱 agromanie およびその背後にある重農主義 physiocratie を批判ないし揶揄している。ひとしく農業を重視するとはいえ、自給自足的な小農民の共和国をめざすルソーと、近代的大借地農業経営の発展をめざす重農主義者とのあいだには、きわめて大きな隔たりのあることが察知されるであろう。

（九）手稿（七枚目の裏）に、次のような書き込みがある。「共和国の内部に団体としての貴族身分が存在すれば、それはかならず統治をわがものとする。」この書き込みが本文のどの個所の注記であるかは指定がないが、プレイヤード版もヴォーン版も、これを、後述の第二の種類の貴族身分に関する注記であると見ている。

（一〇）これと同じ趣旨のことが、『社会契約論』第三篇第八章で述べられている。
（一一）この論文というのは、ビュタフォコ M. Buttafoco が書いた次の論文をさしている。*Memoria sopra la Costituzione Politica da stabilire nel Regno di Corsica nella quale si dà un piano generale delle cose più essenziali che costituiscono un governo in Repubblica mista. Fatto al Vescovado nel 1764.* ビュタフォコは、ルソーにこの『コルシカ国制案』を書くことを依頼した人物である。
（一二）手稿（一三枚目の裏）に、次のような書き込みがある。「以上が、この問題についてさしあたり私が述べておかなければならなかったことである。その前に、私はもう一つ別の主題を論じなければならない。国民に合わせて統治の形態を決めるのは、たぶん有益なことであろう。しかし、私は、さらにいっそう有益なことを知っている。それは、統治にふさわしいように国民を形づくることである。」なお、この書き込みの最初の部分は、プレイヤード版では Voici となっているが、ヴォーン版のように Voilà とするのが正しく、途中の「国民に合わせて……」という個所は、ヴォーン版では par la nation となっているが、プレイヤード版のように pour la nation とするのが正しい。
（一三）手稿（一四枚目の裏）には次のような書き込みがあるが、これは本文とはほとんど無関係である。「イギリスは、自国に関係のあることにしか口を出さないということを国是にしている。フランスは、何にでも口を出すことを国是にしている。」
（一四）手稿（一四枚目の裏）では、この本文と同趣旨の次の一文が記されてから抹消されている。「諸君は、彼らの着手した仕事を完成させるのにけっして躊躇してはならない。彼らは、自分のために働くと信じながら、実は諸君のために働いていたのである。その仕事の手段は同じであって、ただその目的だけがまったく異なっている。けだし、ジェノヴァ人の目的はコルシカの貴族を卑賤にすることであったが、われわれの目的は国民全体を高貴にすることであるからである。」なお、この文章についても、プレイヤード版にもヴォーン版にも誤記がある。
（一五）解説で述べるように、一七四八年十月のエクス＝ラ＝シャペル（アーヘン）条約で、コルシカはふたたびジェノヴァの支配下に置かれることになった。コルシカ人は、これに対して抗議と反抗を続けたのである。

(一六) サハラ砂漠の西部、今日のモーリタニアに当たる地域の住民をさす。

(一七) さきに、一九頁で述べられたような混合政体をさす。

(一八) 手稿（一八枚目の裏）には、次のような書き込みがある。「貴族身分は、隷属身分の存在を前提とする。そして、法が容認する隷属民の一人ひとりは、貴族身分が国家から市民を奪い取ってつくりあげたものなのである。」

(一九) 手稿（一九枚目の裏）には、次のような書き込みがあり、この個所の注記と見られる。「私の手もとに送られてきたさまざまな覚書きを読むと、コルシカ人は、その貴族身分の消滅と封地の廃止を大いに残念がっているようである。」

(二〇) 十八世紀のコルシカの地域区分については、新旧の区分が錯綜しており、不明な点が多い。もっとも大きな区分は、のちに訳注（二三）で述べる「山のこちら側」と「山のあちら側」という慣習的な区分であり、次に、province（「郡」と訳した）という区分と、piève（「行政管区」と訳した）という区分があり、その他に、jurisdiction（「裁判管区」と訳した）や、district（「地区」と訳した）という区分があり、さらに、feudo = fief（「封地」と訳した）も一つの単位として存続している。最小単位は村落であるが、これは paroisse（「聖堂区」と訳した）とほぼ一致する。ルソーのこの草案が書かれた頃のコルシカの状況については、J. Boswell, *An Account of Corsica, The Jornal of a Tour to that Island and Memoirs of Pascal Paoli*, 2nd ed., London, 1768. が参考になる。とくに、その巻頭には詳細な地図が付されているので、本文中の地名ないし地域名はそれによって検索した。

(二一) 手稿（一八枚目の裏）には次のような書き込みがあり、プレイヤード版に従って、この個所への注記と考えることができる。「ボニファツィオをジェノヴァ人に委ねたままにしておくこと。なぜなら、この地帯はすべて荒れた山地であり、ほとんど人気《ひとけ》がないから、敵がこの地帯を支配していてもほとんど支障はないし、また、敵がそこから島の内部に侵入するのは困難であって、その間にコルシカ人は集結して敵に反撃することができるからである。」なお、ボニファツィオは、島の南端に位置する。

(二二) *terra di commune* 村落共同体に属する共同利用地をさす。その起源は、十四世紀の反乱のときに、封建領主から所領の一部を奪って自由な共同利用地にしたものであると言われる。

(二三) コルシカ島のほぼ中央部を南北に走る山脈があり、その山脈によって全島は東西に二分される。「山のこちら側」*di qua dei monti* と「山のあちら側」*di là dei monti* というのは、ジェノヴァ統治期の首都バスティア(島の北東岸の港)から見た呼称であって、山脈の東が「こちら側」であり、西が「あちら側」である。

(二四) この個所には、もと、次の一文が記されていたが、ルソーはそれを抹消している。「そこにいたるためには、まず、統治すべき人民の国民的性格を知らなければならない。そして、もしその人民が国民的性格をまったく持っていないならば、彼らにそれを与えなければならないであろう。いわば、魂のなかにその国の制服をつけていないような人間は、すべて、善き市民たりえないし、忠実な臣民たりえない。そして、立法の眼目は、世界中のすべての法律が共通したものになることにあるのではなく、世界のさまざまな法律がそれぞれにその独自性を発揮することにある。」

(二五) 紀元前一世紀のギリシアの歴史家で、各地を旅行してその情況を記述した。ここでルソーは、その仏訳(*Histoire universelle* de Diodore de Sicile, traduction par l'abbé Terrasson, t. II, Paris, 1737.)をほとんど逐語的に利用しているとされる。

(二六) 手稿(三六枚目の裏)には、「注意、挿入すること」として、この個所への注記と見られる次のような書き込みがある。「すべての国家には、その誕生から滅亡まで、自然的にして必然的な一つの進歩、発展というものがある。それらの国家の存続期間をできるだけ長くかつできるだけ美しくするためには、その活力に満ちた頂点を過ぎるよりも前の第一の時期に注意を集中するほうがよい。コルシカは、その到達しうる頂点に一挙に駆けのぼってしまおうとするべきではない。コルシカは、一挙にその頂点に達してあとは衰退あるのみ、ということになるよりも、少しずつよじ登ってそこに到達するほうがよい。今日のコルシカは衰弱しているので、その活力はきわめて弱い状態にあるであろう。だが、コルシカをしてその頂点へ向かって前進する気にさせるならば、その弱い状態は、まもなく、きわめて良好な状態になるであろう。」

(二七) のちに「断片」にもこれと同じ記述が見られる。

（二八）手稿（三九枚目）では、système d'agriculture と記したのちに agriculture が抹消されているが、この「体制」というのは、明らかに、さきに「農本的な体制」として叙述されていたような体制をさしており、手稿のその個所（一三枚目）でも、はじめ système と記してから d'agriculture を抹消して rustique と訂正しているので、ここでも「農本的な体制」と訳した。

（二九）この三つの等級 classes の原文は、それぞれ、citoyens, patriotes, aspirans である。citoyens はふつう市民と訳されるが、bourgeois との混合を避けるため、また、完全な公民権を持つ者という意味を含めて、ここでは「公民」と訳した。patriotes は、古くは「同郷人」の意味で、compatriotes と同義に用いられており、ルソーは一七六六年にギー宛ての手紙でもこの語をその意味で用いている（Littré による）から、ここでは「同国人」と訳した。aspirans（現在の綴りでは aspirants）を「候補生」と訳したのは軍隊用語からの借用であるが、その内容は本文にあるように一種の若者組であるから、この訳語も許されるかと思う。

（三〇）この宣誓については、のちに「断片」で詳しく述べられる。

（三一）この個所は、手稿（四三枚目）には une espèce de manufacture pour les grands *de* fermiers と記されており、ヴォーンは、この *de* fermiers が manufacture にかかるのだと注記しているが、プレイヤード版ではなぜかこの *de* が省かれている。しかし、*de* を省いては意味が通じないので、手稿（およびヴォーン版）どおりに訳した。

（三二）手稿（四六―四七枚目）には、一度書いて抹消された次の一文がある。「いまや、いかなる手段によって、……を害することなしに、このまがまがしい標章の必要をもっとも少なくすることができるかを検討しよう。ある国家において、現金の必要は、そこで交換の必要が多くなるか少なくなるかに応じて、また、その政府の費用が多くなるか少なくなるかに応じて、増加したり減少したりする。したがって、商業取引がなければ、個人は貨幣をまったく必要としないであろうし、公共の財政がなければ、国家も貨幣をまったく必要としないであろう。」なお、この文中の……部分は、何らかの語句を書き落としたものと思われる。

（三三）この点については、さきに述べられている。また、『社会契約論』第三篇第一三章を参照。

（三四）ここでルソーが、「実際の貨幣」monnoye réelle に対して「観念上の貨幣」monnoye idéale と言っているのは、価格の尺度としてのいわゆる計算貨幣 monnaie de compte のことである。革命前のフランスにおいては、リーヴルやソル（スー）という計算貨幣が、計算上の単位として用いられており、これは、エキュ銀貨やルイ金貨という実際の金属通貨（実体貨幣 monnaie réelle）と直接に結びついてはいなかった。なお、ルソーが「観念上の貨幣」の例として挙げているフランスのピストール pistole は、もともとはフランスで広く流通していたスペイン金貨（実体貨幣）であったが、当時は十リーヴルに相当する計算貨幣としても用いられていた。

（三五）この文章で「行政」と訳した原語は police であって、ルソーはこの語をかなりさまざまな意味で用いているが（cf. M. Launay, *Le Vocabulaire politique de Jean-Jacques Rousseau*, Genève et Paris, 1977, pp. 172-174.）、ここでは、「行政」よりやや狭く、「管理」よりはやや広い意味であろうと思われる。なお、この文章の次に、手稿（五一枚目の裏から五二枚目にかけて）では、以下の一文が書かれて、それが抹消されている。「何びとも、必需品のやりとり以外には、一郡から他郡への物資のやりとりに関心を持たないであろうから、これらのやりとりは、つねに需要に見合ったものになる。」

（三六）この個所は、手稿（五一枚目の裏）およびヴォーン版では moins sûrs であるが、プレイヤード版では moins が脱落している。

（三七）プレイヤード版では、Avec *des* précautions となっているが、手稿（五八枚目の裏）およびヴォーン版では *ces* である。

（三八）手稿（五九枚目）では、木崎氏の指摘のとおり、une des inventions であって、プレイヤード版もヴォーン版も une を見落としている。

（三九）ロムルスは、双生児の弟レムスとともにローマを建国したとされる伝説的人物で、ここに述べられている公有地の設定も伝説である。

（四〇）旧約聖書「創世記」第四十七章、とくにその一三―二〇を参照。

（四一）のちに記されるように、独身男性の遺産が共同体の有に帰することをさしているのであろう。

（四二）四つの種類の収入の内、第二の十分の一税も、生産物のまま徴収されるのが原則であった。

（四三）コルシカは共和国なのであるから、ここで王国としたのはルソーの書き違いであろう。ヴォーンは、ルソーがここでフランスのことを念頭に置いて書き損じたのでろうと推定している。

（四四）　この個所の原文は、quand le Prince hausse les monnoyes であり、プレイヤード版の注によれば、他の個所でもルソーは hausser le prix des monnoyes という表現をしている由であるが、ここで問題にされているのは、貨幣の実質価値を下げる（貴金属の含有量を減らす）ことによって諸商品の名目価格を上げること、つまり、人為的インフレーションを起こすこと（そうすれば債権者からの借金が実質的に減少する）であるから、このように訳した。

（四五）　手稿（六八枚目の裏）には、次の一文が記されて、抹消されている。「人は、未開人たちを働かせることはまったくできなかった。なぜなら、彼らは何物も欲求しないからである。ヨーロッパ人は、彼らをヨーロッパ風の生活様式に導くことはけっしてできなかった。なぜなら、彼らはそんなものをまったく有難いと思わないからである。」

（四六）　このパラグラフと次のパラグラフとのあいだに、次の二つの断片的な文章が挿入される（手稿六九枚目の裏）。「社会の絆であると思われているこの相互依存から、その社会を破壊するすべての悪徳が生まれる。」「イギリスの人民は、自由をそれ自体として愛しているのではない。彼らが自由を愛するのは、それがカネをもたらすからである。」

（四七）　この個所に、手稿（七〇枚目）では次の文章が書き入れられている。「そうなると、食糧に比べて人口のふえすぎた人民には種々の物資が不足するから、その不足のものを外国人から買い入れるために、余剰の人口を工業や工芸に就職させる必要が生じるであろう。そうなると、また、工業や工芸の施設と不可分の悪徳が少しずつ生まれ、その悪徳は、国民の風俗や道義を次第に腐敗させることによって、ついには統治を悪化させ破壊してしまうにいたるであろう。この禍は避けることができない。そして、人間にかかわるものごとにはすべて終わりがなければならないのであるから、一つの国家が、長く力強く存在したのちに、人口のふえすぎによって終わりを告げるのもまたやむをえまい。」

（四八）　以下の断片のうち、最初の断片は手稿七〇枚目の裏に記され、それに続く四つの断片は手稿七二枚目とその裏に記されており、内容から見ても、そこまで（七二頁五行目）は本文の補遺ないし継続とも見られる。ヴォーン版は、そこまでを本文の継続として扱い、さらに、訳注（四七）に記した書き込みを本文の末尾に置いて、七二頁七行目の断片から以後を「断片」としている。このように、本文と断片の区切りは明瞭でないが、ここではプレイヤード版に従って区切った。なお、七二頁七行目以下の断片は、手稿 Ms. fr. 229/2 として別にまとめられている。

（四九）手稿が空白のままになっている。所有規模の最高限度を決めるにはもっと研究が必要だと思って空白にしておいたのであろうと言われる。なお、プレイヤード版の注釈で、この条項が地片 parcelles の面積の最高限度を決めたものだと記しているのは、はなはだ誤解を招きやすい表現である。ここでルソーが主張しているのは、土地所有の規模を制限することであって、地片の規模を問題にしているのではない。

（五〇）この文章は文意不明であるが、文字どおり訳しておくほかはない。

（五一）文章が途中で切れている。

（五二）この文章によれば、候補生である夫は妻の持参財産（土地）によって同国人の等級に昇格できるとされているが、それは、本文での規定（三九頁）と矛盾している。

（五三）ここに、はじめは次の一文が書かれていて、抹消された。「なぜなら、説教は人を行動させないからである。」

（五四）はじめ、「ローマの貴族の青年」と書かれていて、「貴族の」が抹消された。

（五五）文章が不完全で、「そういうふうであった」というのはどういうことであるのかわからない。

（五六）紀元前三―二世紀のローマの政治家で、財務官や執政官を歴任し、中小農民の維持と質実剛健の気風の維持を強調した。

（五七）文章が不完全であるが、ヴォーン版およびプレイヤード版に従って補足した。

（五八）これは、先に訳注（一一）に記したビュタフォコの論文の一節であって、ビュタフォコは貴族の諸特権の復活を望んでおり、その点をルソーは批判しているのである。

（五九）この断片は、序文の一部として書かれたものであるらしい。

（六〇）これと同じ趣旨の文章が本文中にもある。

（六一）何の比率を高めるのか、文意不明である。

ポーランド統治論（一）

永見　文雄　訳

〔一〕　問題の状況

ヴィロルスキ伯爵によって作成されたポーランド統治《グーヴェルヌマン》の図(一)と、それにつけ加えられた伯爵の考察(二)は、この国の統治の練り直しのための正しいプランをつくりたいと願う者にはだれにとっても、有益な作品である。伯爵以上にこのプランを描くのにふさわしい人を私は知らない。というのも、この作業が必要とする一般的な知識に加えて、伯爵はその土地と特殊な細かい点についてのあらゆる知識を持ち合わせているからであるが、そうした知識は書物によって与えられることは不可能ながら、なおある制度をそれが予定された国民のものとするためには、知っておくことが必要なものである。ある民族のために仕事をするのにその当の民族を心底から知らないとすれば、彼らのためをはかってなされる著作はそれ自体どんなに秀逸なものになりえたとしても、その適応に当たってはつねに過ちを犯すことになるであろう。すでにすっかり制度というものができあがっており、その趣味も習俗も、偏見も弊害も、新たな種子を得て易々と廃絶されるにはあまりにも深く根づきすぎている民族なら、なおさらである。ポーランドにとっての善き制度は、ポーランド人か、あるいは現地にいてポーランド民族と隣接諸民族についてしっかり研究したことのあるだれか以外の人の作品にはなりえない。外国人は一般的見解以外のものはほとんど与えることができないのであるが、それも制度創設者《アンスティテュトゥール》を指導するためではなく、啓発するためなのである。どんなに活発に頭を働かしてみたところで、この膨大な報告の全体をとらえることはできなかったであろう。考えを結び合わす能力のほとんど残っていないいまとなっては、ヴィロルスキ伯爵に仕え、伯爵の祖国に対する私の情熱を示そうにも、伯爵の論文と彼が私に提示してくれたその考察を読んで受けた私の印象を伯爵に報告するだけにしておかねばならない。

ポーランド統治の歴史を読むと、かくも奇妙に組織された国家がどうしてかくも長く存続しえたのか、理解に苦しむ。多数の死んだも同然の成員と少数のバラバラな成員からなる一つの大きな集団。この集団においてはあらゆる運動がほとんど相互に独立していて、共通の目標を持つどころか互いに破壊し合い、大いに揺れ動くのに何一つなさず、打撃を加えようとする者にはだれであれ何ら抵抗することができず、各世紀に五回や六回は崩壊の憂き目に逢い、何かしようとするたびに、また何か必要なものを補給しようとすればかならず麻痺状態に陥り、しかもそれにもかかわらず生きており、活気ある状態にみずからを保っている。これこそ、考える能力をそなえたものの眼を見張らせるもっとも奇矯な光景の一つのように私には思われる（四）。ヨーロッパのすべての国家が崩壊への道を突き進んでいるのが見える。君主国も共和国も、あれほど見事に制度を与えられたすべての民族、あれほど賢明に均斉のとれたすべての立派な政府も、凋落の淵に落ちこみ近づく死に脅かされている。そしてポーランド、この、人は減り、踏み荒され抑圧され、侵略者の餌食となっている地域は、その禍と無政府状態の真只中にあってなお、青年のあらゆる情熱を見せている。そしてあたかも生まれ出たばかりであるかのように政府と法律とを勇敢に求めている。鉄鎖のなかにありながら自由を維持するための方策を議論しているのだ！　圧制の力が屈服させようとしてもできないような力を、みずからの内に感じているのである。敵が野陣を張ったばかりの土地における、攻囲されたローマの泰然自若ぶりを見る思いがする。勇敢なポーランド人よ、気をつけなければいけない。あまりによくなりたいばかりに状況をいっそう悪くしないよう用心するがよい。得たいと思うものに想いをよせながらも、失う可能性のあるものを忘れてはいけない。できることなら、諸君の政体の悪弊を正すがよい。しかし諸君をいまの諸君にしたその政体を軽んじてはならない。

諸君は自由を愛している。諸君は自由にふさわしいのだ。友好の絆を差し出すふりをして隷属の鉄鎖を負わせた強力にして狡猾な一侵略者(五)に対し、諸君は自由を守った。いま祖国の混乱に倦んで、諸君は平穏を熱望している。それを得るのはきわめてたやすいことだと思う。だが自由とともにそれを維持すること、これこそ困難なことのように私には思われるのだ。諸君を束縛から守ったあの祖国愛の魂が形づくられたのは、諸君にとっておぞましいものであるあの無政府状態の真只中においてなのである。懶惰《らんだ》な安逸の内に祖国愛の魂は眠っていた。身に及ぶはずだった鉄鎖を打ち砕いたあとで、それは疲労の重圧を感じている。専制主義の平和を自由の持つ甘美さに結びつけたいと思うのだろう。矛盾した事柄を望んでいるのではないかと心配だ。安逸と自由は両立しがたいことのように、私には思われるのだ。選択しなければならないのである。

事態を現にある状態のままにしておかねばならないなどと言っているのではない。そうではなく、それにふれるにはきわめて慎重でなければやってはならない、と言っているのである。いまは利点よりは弊害のほうに心がいっそう奪われている。時はめぐり、その利点がずっとよく感じられる日が来るだろうと私は恐れる。そしてそうなるのは不幸にして利点を失ってしまってからのことなのである。

よりよい法律をつくるのはたやすいことだ、と言うならそれでもよい。だがはじめの法律を濫用したのであれば、人間の情念が濫用しないようなもっといい法律をつくるのは不可能である。将来のこうした濫用をすべて予見し考慮に入れることは、たぶんどんなに完璧な政治家にも無理なことだ。人間の上に法を置くことは、政治学において、幾何学の円積法の問題に私が喩えている問題なのだ[六]。この問題をしかと解くがよい。するとその解決に則った統治は、立派な、弊害のないものとなろう。しかしそれまでは、法律に支配させていると思ったところで、支配するのはやはり人間なのだと考えて間違いないと思ってよい。

　市民の心を法が支配する政体を措いてはけっして、善い、堅固な政体はないであろう。立法の力がそこまで及ばないかぎり、法律はつねにうまく誤魔化されてしまうことになるだろう。しかしどうしたら心にまで達するのか？　これこそ、力と懲罰以外はけっして眼に入らないわれらが制度創設者たちのほとんど考えたことのないことであり、そしてこれこそ、物質的報奨もおそらくはそれほどうまくそこへ導くことはなかろうと思われることなのである。もっとも完璧な正義であっても、そこには導かない。なぜなら正義は健康と同じで、感じることなく享受するものであり、何ら情熱を吹きこむものではなく、失ってはじめてその価値を感じるものだからである。

　それならいかにして心を動かし、祖国とその法律を愛するように仕向けるのか？　あえて言えば、児戯に類することによってなのだ。皮相な眼しか持たない人には何の役にも立たないように見えるが、しかし、いとしく懐かしい習慣と打ち砕きがたい愛着を形づくる、諸制度によってなのである。私がここで荒唐無稽なことを言うとしても、少なくともまったく徹底的にそうするのだ。というのも白状すれば、私は自分の狂気の沙汰が理性のあらゆる相のもとに見えているからである。

〔二〕 古代の諸制度の精神（七）

古代の歴史を読むと、別の宇宙に、別の人々のあいだに、連れていかれたような気がする。フランス人、イギリス人、ロシア人は、ローマ人、ギリシア人と共通な何が一体あるのだろうか。ほとんど顔形だけではないか。彼らの強靱な魂は、他の人々には歴史の誇張のように見えるのだ。自分たちをこれほど卑小なものに感じているのに、どうしてかくも偉大な人々が存在したなどと考えられよう。だが彼らは存在した。そしてわれわれと同じ人類だった。われわれが彼らと同じような人間になるのを妨げているのは、一体何か？　われわれの偏見であり、われわれの低級な哲学であり、そして天才の示唆の根跡が微塵も見えないばかげた諸制度のおかげですべての人の心のなかに利己主義とともに住みついてしまった、つまらぬ利益に対する情熱なのである。

現代の諸民族を見てみる。そこには法律屋はたくさんいても立法者は一人として見当たらない。古代人のあいだには、特別な注意に値する主だった立法者が三人見られる。モーゼとリュクルゴス、ヌマである。（八）三人が三人とも、われわれの博士たちなら物笑いの種にしそうな対象にもっぱら配慮を尽くした。三人が三人とも、証しだてるものがもう少し、少なければありえないことだと判断されてしまいそうな成功を、収めたのだった。

第一の者がなした仕事はこうだ。技芸も、武器も、才能もなく、美徳も勇気もなく、一握りの土地とて自分のものとして所有せずに地球の表面で異質な一団をなしていた不幸な逃亡者の群れを、民族体として組織するという驚くべき企てを練り、実行した。このさまよえる奴隷のような一団をモーゼはあえて一つの政治体、一つの自由な国民につくりあげたのだ。そして、頭を休めようにも枕代わりに一つの石とて持たず砂漠を放浪していたあいだに、彼はこの一団に、時と運命と征服者の試練に耐える恒久的な、五千年の歳月さえ破壊できず変質させることさえできなかった、そして、民族体がすでに存続していないときに、今日でもなおそのすべての力のままに存続している、あの制度を与えていたのである。

自分の民が他の国民のあいだに溶けて消えてしまうのを防ぐために、他の民族のそれとは相容れない習俗と習慣を彼はその国民に与えた。祭式を、特殊な儀式を課した。たえず気を逸《そ》らさぬようにし、他の人々のあいだにあってつねに異邦人としておくために、彼は多くの方法でその民を悩ませたのだった。そして彼の共和国の構成員に設けた同胞としての絆はすべて、隣国人から彼の民を切り離し、隣国人と混ざり合うのを妨げる障壁であった。かくもしばしば隷属し、かくもしばしば離散し、そして見かけは崩壊したかに見えながらつねに彼の掟を崇拝していたこの奇妙な民族が、それにもかかわらず今日まで、他民族のあいだに散り散りになりながらも溶け合うことなく自己を維持してきたのはそれによってであり、そしてその習俗、法、祭式が、人類の残りの部分の憎悪と迫害にもかかわらず存続し、世界のあるかぎり続くであろうと思われるのもそのことによってなのである。(九)

リュクルゴスは、隷属とその結果としての悪徳によってすでに堕落していた国民に、制度を与えようと企てた。彼はその民に鉄の軛《くびき》を課したが、他のいかなる国民もこんな軛をこうむったことは一度もなかったのである。しかし彼はその民をたえずそれに没頭するように仕向けることによってその軛に結びつけ、いわばそれと同化させた。彼は国民に祖国を、その法律、その競技、その家、その愛、その饗宴においてたえず示した。国民が自分一人に戻るような気持ちの弛《ゆる》む瞬間を一時も許さなかった。そして、その目的のゆえに高尚なものとなったこのたえざる強制から、この国民のあいだにはスパルタ人のもっとも強い、というよりはただ一つの情熱であり続けた、そして彼らを人類の上に立つ存在とした、あの燃えるような祖国愛が生まれたのである。スパルタはたしかに一つの都市にすぎなかった。しかしひとえにその制度の力によってこの都市は全ギリシアに法律を与え、その首都となり、ペルシア帝国を震撼させた。スパルタはその法律がそこから周囲すべてにその効果を及ぼした、中心地であった。

ヌマのなかに、一人の祭式と宗教的儀式の創設者しか見なかった人は、この偉人に対してまったく判断を誤ったのである。ヌマはローマの真の建設者であった。たった一つの敗戦でもあれば四散しかねないならず者たちをロムルス（一〇）がただ集めたにすぎなかったとすれば、彼の不完全な業績が時に抗うことはありえなかったであろう。これらのならず者を一つの確固とした一団にまとめあげ、市民へと変えることによって、それを堅固で永続的なものとしたのは、ヌマであった。しかも市民へと変えたのは、彼らの田舎風の貧困がまだほとんど必要としていなかった法律によってというよりむしろ心地よい諸制度によってであり、この諸制度こそ、見かけはくだらなく迷信的で、その力と効果を感じる人はきわめてわずかであるが、にもかかわらずロムルスが、あの手のつけようのないロムルス自身が最初の礎石を投じたあの祭式を用いて、ついには彼らの都市を神聖なものにすることによって、お互いをお互いに、そして全員を自分たちの運命に結びつけていたものなのである。

同じ精神が古代の立法者すべてを、彼らの制度において導いた。市民を祖国に、お互いをお互いに結びつける絆を、みな探し求めた。そして彼らはそれを個人の習慣のなかに、その本性からしてつねに排他的で民族的な宗教上の儀式のなかに見出した（『社会契約論』の末尾を見よ）（一一）。また、市民を集合した状態に保つのに大いに力のある競技のなかに見出し、彼らの活力と力とともにその利己心、そして自己に対する敬意を高める訓練のなかに見出した。またそれをスペクタクル（見世物）のなかに見出したが、このスペクタクルは祖先の歴史、災禍、美徳、勝利の数々を思い起こさせることによって彼らの心をひきつけ、熱烈な競争心で燃え立たせ、たえず彼らの心がそれに没頭させられていたあの祖国に、彼らの心を強く結びつけるものだった。競争心と名誉心でたえずギリシア人を熱狂させ、彼らの勇気と美徳を、今日では何ものもそれについての考えを与えてくれないほどの高みにまで、現代人にはもはやそれを信じることさえふさわしくないほどの高みにまで押しあげたものは、箱のなかででも舞台の上ででも、カネを手にしてでもなく、屋外で民族体としておごそかに集まったギリシア人の前で朗唱されたホメロス（一二）の詩であり、彼らの前でしばしば上演された、アイスキュロス、ソポクレス、エウリピデス（一三）の悲劇であり、全ギリシアの歓呼に迎えられて競技の勝利者に授けられた賞である。現代人が法律を持っているとすれば、それは主人によく従い、他人の懐を盗まず、公共のぺてん師（一四）に多くのカネを与えるためにすぎない。彼らに習慣というものがあるとすれば、それは浮気な婦人方の暇つぶしの相手をする術《すべ》を心得るためであり、自分の妻を優雅にひっぱりまわすためだ。彼らが集まるとすれば、それは寺院のなかであり、民族的なものの何もない、いかなる点でも祖国を想い起こさせることのない、ほとんど嘲弄さえされているある礼拝のためであるし、また、堅く閉ざされた部屋のなかで、カネを払って、色恋ごとしか話題にされない軟弱で放埓な舞台の上に大根役者が大声を張りあげたり、売女が作り笑いをしたりするのを眼にし、そこから堕落の教訓をひきだすためだ。舞台上で与えるふりをしているすべての教訓の内で、それが役に立つ唯一の教訓なのだが。あるいはまた祭りのとき集まるとしても、そこでは民衆はいつも軽蔑されていて、いつも、影響力を持つことはなく、公の非難や称賛が何かを産みだすことはないのである。猥らな雑踏の内に集うときは、そこでお互いにひそかな関係をつくりあげ、人間をもっとも隔て孤立させ、心をもっともだらけさせる快楽をそこに探し求めるためだ。それらが一体、祖国愛への刺激剤となるだろうか？　これほどかけ離れた生活様式が、これほど相違した結果をもたらすことに驚くべきなのか？　あらゆることが古代人の魂に呼びおこしていたあの活力の寸分も現代人はもはやみずからの内に見出せないということに、驚くべきであろうか？　話が脇道にそれたが、諸君のおかげでかきたてられた情熱の残り火に免じて許していただきたい。現下のすべての国民の内で、いま私がお話したばかりの国民から私を遠ざけることのもっとも少ない国民へ、喜んで話を戻すことにする。

〔三〕　適用

ポーランドは大きな国家であるが（一五）、はるかに勢力のある諸国家に包囲されており（一六）、それら諸国家は専制主義と軍紀によって大きな攻撃力を備えている。ポーランドは反対に無政府状態によって弱体化しているので、その勇気（一七）にもかかわらず、列強によるあらゆる辱めの危険にさらされている。列強の侵入をとどめる要塞はまったくなく、人口減少のため（一八）、ほとんど無防備の状態に置かれている。経済秩序はまったく見られず、軍隊らしきものはあるかなきかだ。軍紀も秩序も従属関係も皆無。内はつねに分裂し、外からはたえず脅かされて、国自体としての堅固さは何一つなく、隣接諸国の思いのままになっている（一九）。現在の事態にあっては、この欠如した堅固さをこの国に与える方法は一つしか見当たらない。それは国民全体に連合《コンフエデレ》派（二〇）の魂を、いわば注ぎこむことである。つまり、抑圧者のどんな努力にも屈せず存続し続けるくらい強力な共和国を、ポーランド人の心のなかに打ち立てることなのだ。力が共和国を撃つことも破壊することもできない唯一の聖域は、そこにこそあると私には思われる。永遠に忘れることのできないその証拠の一つを、たったいま見たばかりだ。ポーランドはロシア人の鉄鎖につながれていたが、ポーランド人は自由のままであった。隣国の勢力と野望にいかにして挑戦しうるか諸君に指し示す偉大な実例である。飲みこまれまいとしてもできることではありえず、少なくとも消化されないようにするがよい。敵に抵抗すべく、ポーランドに欠如しているすべてを補ったあとでなければ、どう振舞ったところで、ますます圧倒されるだけだろう。市民の美徳と祖国愛の情熱、それに民族的な諸制度が与えうる特殊な形態、これこそポーランドの防衛をつねに準備し、いかなる軍も奪取できない唯一の城砦なのだ。ポーランド人が一人としてロシア人となることのないように仕向ければ、ロシアがポーランドを征服することはあるまいと、私は諸君に請け合う。

　一国民の精神と性格、趣味、それに習俗を形づくるもの、その国民であって別の国民でなくさせるもの、根こそぎにすることの不可能な習慣の上に築かれた、あの燃えるような祖国への愛情を吹きこむもの、他の国民のところに行ったら、享楽の真只中にあってもそれは自分のところにはないから、退屈で死にたくなるくらいにさせるもの、それは民族的な諸制度である。ペルシアの大王の宮廷で逸楽に喉元まで浸っていたあのスパルタ人のことを思い出していただきたい。黒ソースがなくて残念だと非難されていたのだが、溜息をつきながら大守に向かってこう言ったのだった。ああ、君の楽しみは知っているさ。でもわれわれの楽しみを君は知らない、と（二一）。

今日ではもう、人が何と言おうが、フランス人もドイツ人もスペイン人も、イギリス人さえも、いない。いるのはヨーロッパ人だけだ。だれもが同じ趣味、同じ情熱、同じ習俗を持っている。なぜなら、だれもある特別な制度によって民族としての形態を受け取ったわけではないから。同じ状況にある人はみな、同じことをするだろう。すべての人が自分は無私無欲だと言いながら、みなぺてん師になるだろう。だれもが公共善を口にしながら、自分のことしか考えないだろう。だれもが世間並みの地位、財産を称揚しながら、クロイソス（二二）の類になりたいと思うだろう。彼らには奢侈以外の野心はない。黄金に対する情熱以外はない。その人と一緒にいれば欲望をそそるものすべてが手に入ると信じこんで、彼らは褒賞をくれる第一等の地位にいる者に買収されるだろう。どういう主人に服従するかなど、彼らにとって問題となろうか。いかなる国家の法律に従うかなど、どうでもいいことなのだ。盗むべきカネと、堕落させるべき女が見つかりさえすれば、自分の国のどんな場所にでも彼らは行くのである。

ポーランド人の情熱に別の傾斜をつけてみるがいい。すると彼らの魂に、ある民族的な相貌を与えることになり、それが彼らと他国民を区別するところとなって、他国民と溶け合い、意気投合し、一体となるのを防げるであろう。無駄な戒めがみだりに振りまわされるのに代えて、彼らの魂にある力強さが与えられ、それによって義務、あるいは利害によってのみなされるさいにけっしてうまくできないことも、趣味と情熱からなされることになるであろう。正しく我がものとした立法が力を持つのはこうした魂に対してであろう。彼らは法律に従うだろうし、それをうまく誤魔化すことはないだろう。なぜなら法律は彼らの受け入れるところとなり、彼らの意志の内面の同意を得るからである。彼らは祖国を愛し、全身全霊をもって祖国に仕える。こうした感情さえあれば、たとえ立法は悪くとも、善き市民をつくることになるであろう。そして国家の力と繁栄を築くものは善き市民を措いて他にはないのである。

　諸君の法律の根底にはほとんどふれないような、しかし祖国愛ならびに祖国愛と切り離すことのできない諸々の美徳をありうる最高度の堅固さまで高めるのにふさわしいと私には思われるような行政体制について、このあと私は説明するつもりである。だが、諸君がこの体制を採用するにせよしないにせよ、ポーランド人に彼ら自身と彼らの祖国を高く評価させることから、いつも始めてもらいたい。彼らが最近示した態度からすれば、こうした評価は間違ったものとはなるまい。魂を古代の魂の調子にまで高めるには、いま起こっている事件（三）の情況をつかまねばならない。バールの連合が息絶え絶えの祖国を救ったことは確かなのだ。この偉大な出来事を、神聖な文字であらゆるポーランド人の心に刻まなければならない。その思い出のために記念碑を建立して、連合派全員の名を、たとえのちには公の大義を裏切ることになった人の名前でも、刻みつけてほしいものだ。このような偉大な行為は生涯の過ちを帳消しにすべきなのである。厳粛な定例祭典を創設して、けばけばしく軽薄な華やかさではなく、簡素で誇り高い共和主義的な華やかさでもって、十年ごとに祝うことにしてはどうか。敵の鉄鎖につながれて祖国のために苦しむ栄誉をになったあの徳高き市民たちを、堂々と、しかし大げさな言葉を用いず、称賛することにしてはどうか。彼らの家族に何らかの、名誉としての特権を与えて、公衆の眼にいつもこの美しい思い出を喚起するようにしたいものだ。しかしながらこの祭典でロシア人に対して悪罵を放つことを許していいとは思わないし、彼らのことを口の端にのせてほしいとも、私は思わない。それではあまりに彼らに面目を施しすぎることになるであろう。この沈黙と、彼らの残虐さの思い出と、彼らに抵抗した者への賛辞が、言うべきすべてのことを言うことになるだろう。諸君は、憎まずにすますくらい十分に彼らを軽蔑すべきなのである。

栄誉と公の褒賞によって愛国者のあらゆる美徳に輝きを添え、市民が祖国にたえず心を奪われるように仕向け、それを彼らの最大の関心事となし、つねに祖国が彼らの眼前にあるようにしたいものである。このようにすれば、なるほど彼らが富裕になる手段も時間も少なくなるであろうが、しかし、富裕になりたいという欲望も必要もなおのことなくなるであろう。財産とはまた別の幸福が存在するということを、彼らの心は学ぶことになろう。そしてこれこそ魂を高貴にし、それを黄金以上に強力な道具につくり変える技術なのである。

ヴィロルスキ氏が私に伝えたいと望まれたポーランド人の習俗に関する簡潔な説明は、彼らの社会的、家庭的な習慣に私が通じるには十分でない。しかし隣接諸国とそれほど融解したことのかつてなかった一巨大民族は、固有の習慣を多々有しているはずであり、しかもそれはフランス人の趣味と習俗を採用しようとするヨーロッパの一般的傾向によって、おそらく日々退化させられているものであろう。そうした古くからの習慣を維持、再建し、またポーランド人に固有の恰好な習慣を導入しなければならない。こうした習慣は、たとえそれがどうでもいいようなものであって、ある点から見れば悪いものであったとしても、本質的にそうでさえなければ、結局ポーランド人を自国に結びつけ、彼らに外国と融解することに対する自然の嫌悪の念を与えるという利点を持つことになる。私は彼らが特別の服装を持っていることを幸運なことだと考えている。心してこの利点を保持するがよい。あれほど誉めそやされたあの皇帝《ツアール》のしたことと(二六)、正反対のことをするがよい。王も元老《セナトウール》も、いかなる公人も、国民と同じ服以外は着ないように、そしてポーランド人はだれもフランス風の服装で宮廷に現われないようにするべきである。

　良き母なる祖国がその子供たちの遊ぶのを喜んで見ていられるような多くの公的な競技。祖国の子供がつねに祖国に意を用いるようにするために、祖国自身がしばしばそれらを取り仕切るべきである。宮廷にあっても、見本を示すために、宮廷のごくありふれた楽しみ、賭け、演劇、劇やオペラ、を廃さねばならない。これらのものはすべて人間を柔弱にし、気をそらせ、孤立させ、祖国と義務を忘れさせる。楽しんでいさえすればどこにいても心地よい、と思わせるのである。他のどんな宮廷にも見出せないほど固有な競技、祝祭、おごそかな祭典を、創出しなければならない。ポーランドでは他のいかなる国よりも、人々が楽しめるようにすべきであるが、しかし同じようなやり方で、であってはならない。一言で言えば、呪うべき諺を逆さにし、あらゆるポーランド人に心の底から、「祖国ある処《ウビ・パトリア》、人は幸福なり《イビ・ベーネ》」と言わしめねばならない(二七)。

　できることなら、高位の者、富裕な者が独占するものは何もないようにすること。屋外で多くのスペクタクルを。そこでは席が注意深く区別されはするが、古代人のあいだにあってと同様、全国民が平等に参加できるように。そしていくつかの場合には、若き貴族が力と巧みさのあるところを見せるようにすること。闘牛はスペイン民族のあいだにある力強さを維持するのに寄与するところ、少なくなかった。かつてポーランドで青年たちが力を鍛えたあの円形競技場が、注意深く再建されるべきであろう。古代の闘争技に代わって、それほど残酷ではないがしかし力と巧みさが役立つような、しかも勝者にやはり名誉と褒賞が与えられるような訓練技をそこで行なうことほど、たやすいことはないであろう。たとえば馬の調教などポーランド人にはきわめてふさわしく、しかもスペクタクルとしての華々しさもとても備えやすい訓練技である。(二八)

ホメロスの英雄たちはみな、力と巧みさで秀でていた。そしてそれによって人々の眼に、自分たちこそ彼らに命令を下すものだということを示していたのである。遊歴騎士の騎馬試合はたんに雄々しく勇敢なばかりか、名誉と栄光に飢えた、あらゆる美徳にふさわしい人間をつくっていた。火器の使用がこうした肉体の能力の戦時における必要度を下げたのに伴い、その能力自体への信用度も下落してしまった。その結果は、しばしば曖昧で当を得ない、しかもそれについてはいくらでも誤魔化す手段のあるような、また国民がそれを判断するには適当でないような精神の諸美点を別にすれば、生まれの良い人は、その人を他人から区別し、財産を正当化し、その人格の内に優越への自然の権利があることを示すようなものを何も持っていない、ということになった。そこでそうした外的な表徴が無視されればされるほど、われわれを治める人間はいっそう柔弱となり、堕落しても罰せられることがいっそうないのである。しかしながら、いつか他人に命ずべき立場に立たねばならぬ人が若い時からすべての点で他人よりすぐれているということをわからせる、あるいは少なくともわからせようと努力することは、人が考える以上に大切なことである。
その上、国民がしばしば楽しい時に指導者と一緒にいて、彼らを見るのに慣れ、喜びを共にすることはよいことである。従属がつねに保たれ国民が指導者と混同されることさえなければ、国民が愛情を覚え、指導者に対する尊敬の上に愛着の念を加える手段となる。つまるところ、肉体の鍛錬への好みは危険な無為と惰弱な快楽、それに精神の贅沢とから、気をそらすのである。肉体を鍛えねばならないのはとりわけ魂のためであって、これこそ小賢しい連中の理解の及ばないことなのだ。

ある種の公共の飾りつけを無視してはならない。それは崇高で重みを備えたものとなるべきだ。そしてその壮麗さは、事物においてよりも人間のなかで認められるべきだ。国民の心が彼らの見たところにどれほど従うものであるか、また、祝典の盛儀が彼らの心にどれほど尊敬の念を起こさせるものであるかは、測り知れないほどである。それは権威に対して秩序と規則の風采を与え、信頼の念を抱かせることになり、恣意的権力という観念に結びついた気まぐれと思いつきの想念を遠ざける。祭儀の装飾においては、ただ外見的な華々しさ、けばけばしさ、宮廷で習慣となっている贅沢な飾りを避けさえすればよい。自由な国民の祝祭は、つねに、品位と謹厳をあらわすべきであり、国民の賛嘆の前に、彼らの尊敬にかなった対象だけを差し出すべきなのだ。ローマ人は凱旋の儀式（二九）にさいして、莫大な贅沢品を並べてみせたものだ。しかしそれは打ち破られた敵の贅沢品であって、それが輝やかしいものであればあるほど、人々の心を誘惑することは少なかったのである。その輝きそれ自体が、ローマ人にとっての偉大な教訓であった。囚われの身となった王たちは、黄金と宝石でできた鎖につながれていた。これは当を得た贅沢品である。同じ目的に、しばしば二つの反対の道から到達することがある。大法官広場前のイギリス上院に置かれた二個の羊毛の大包みは、私の眼には、感動的で崇高な装飾に見える。同じくポーランド元老院《セナ》に二個の小麦の束が設置されるなら、それに劣らず心地よい私の好みにかなった効果を生み出すことになるであろう。

大領主を小貴族から区別する財産上のあまりに大きな隔たりは、祖国愛を支配的な情念にするのに必要とされる改革にとって大きな障害となっている。奢侈が大諸侯の心を占めるかぎり、貪欲があらゆる心を支配するであろう。公の賛嘆の対象はつねに各個人の願望の対象となるであろう。そして抜きんでるためには金持ちでなければならないのだとしたら、支配的情念はつねに、金持ちとなることであるだろう。これこそ堕落・腐敗の大きな原因であって、できるかぎり弱めねばならぬものである。もし他の魅力ある事物、地位のしるしとなる事物が、高位に就く人間を他と区別するとしたら、金持であるだけの者はそうしたものに欠けることとなり、ひそかな願望はあの名誉ある区別、すなわち功績と美徳による区別の道を、たとえそれによってしか栄達しなくても、おのずとたどることになるであろう。ローマの執政官はしばしばきわめて貧乏であった。しかし彼らには警士（一一〇）というものがついており、この警士の華やかさが民衆の憧れるところとなったのだった。そして平民が執政官の地位に就くにいたったのである。

不平等の支配する奢侈を完全に除去することは大変難しい事業のように思われる、ということは私も認めよう。だが、この奢侈の対象を変化させ、より害の少ない模範とすることはできないものであろうか。たとえば、以前ポーランドの貧乏貴族は大諸侯に結びついていて、後者はつき従う貧乏貴族に、教育と生活の資を与えていた。これは真に偉大で崇高な奢侈であって、私はなるほどまったくその不都合を感じはするが、少なくともそれは、魂を卑しめるどころか高め、徳義心と飛躍のバネを魂に与え、ローマ人のあいだにあっては、共和国が続いていたあいだは、悪用されることのなかったものである。ある日、エペルノン公爵がスュリ公爵に出会って喧嘩を吹っかけようとしたが、お供の貴族が六百人しかいなかったので、八百人供回りを率いていたスュリに攻撃を仕掛けることを果たさなかったという話を、私は読んだことがある(三一)。この種の贅沢は、下らぬ贅沢に場を譲る余地が大いにあるとは、私には思われない。それに、この例は少なくとも貧乏な連中の気をそそることはないだろう。ポーランドの大諸侯がこの種の贅沢しか持てないようにしてはどうか。たぶんその結果は、分裂、党派、諍《いさか》いということになっても、民族を堕落させることにはなるまい。この贅沢の次には、軍事的贅沢、武器と馬の贅沢を許すことにしよう。しかし、どんな柔弱な装いも軽蔑されること。そして、女性にそれを放棄させることは無理としても、少なくとも彼女たちに、男においてはそれを認めず軽蔑することを学ばせなければならない(三二)。

ところで、うまく奢侈を根こそぎにするのは、奢侈取締令によってではない。奢侈を取り除かねばならないのは、心の奥底からなのであり、より健全でより高貴な趣味を心に植えつけることによってなのである。してはならないことを禁ずるのは、人がそれを憎み軽蔑するように仕向けることから始めないなら、ばかげた無駄な方策であり、法による否認は、それが判断力による否認に支えられて行なわれる場合以外はけっして、効果的とはならない。国民に制度を与える仕事に頭を突っこむ者はだれでも、世論を支配し、それによって人間の情念を治める術を心得ていなければならない。私が言辞を弄している対象の場合、このことはとりわけ真実である。奢侈取締令などは、罰によって欲望を消滅させるよりも、強制によって欲望を募らせてしまう。習俗と装いにおける簡素さは、法の成果というより、教育の成果なのである。

〔四〕 教育

これは重要項目である。人々に民族的な力を与え、彼らが性向からも、情念からも、必然性から見ても愛国者となるほどまでに、その見解と嗜好を導くべきものは、教育である。子供は眼を開くと同時に祖国を眼に入れねばならず、死にいたるまで祖国以外のものが見えてはならない。およそ真の共和主義者と言われる人はだれでも、母の乳を口に含むときから早くも、祖国への、すなわち法律と自由への愛を吸って育ったのだった。この愛こそ彼の全存在を形づくるものだ。彼の眼には祖国しかなく、生きる目的はそれしかない。一人になるや、彼は何者でもなくなる。祖国がなくなるや、彼はもはや存在しないも同然であり、死なないのなら、もっと惨めである。

民族教育は自由な人間にのみ属する。共通の存在を持ち、真に法で結ばれるのは、彼らを措いて他にない。一人のフランス人、一人のイギリス人、一人のイタリア人、一人のロシア人、彼らはみな、ほとんど同じ人間である。学院《コレージュ》(三三)を出るときにはすでに、放縦へ、すなわち隷属へとすっかり自己形成されている。二十歳になったら、ポーランド人は他の人間になってはならない。ポーランド人でなければならないのである。読むことを学ぶなら、自国の事物を読み取るようであってほしい。十歳で自国のあらゆる産物に通じ、十二歳ですべての種、すべての道、すべての町を知り尽くし、十五歳で歴史のすべてを、十六歳ですべての法律を心得、ポーランド全土で、彼の記憶も心もそれで満たされていないような、そして即座に説明できないような美挙、偉人は一つとしてなく、また一人としていなかった、というようであってほしい。私が子供たちに受けさせたいと考える勉強は、外国人と司祭によって指導されている普通のそれではないということが、これによって判断できると思う。子供たちの勉強の科目と順序、形式を、法が規定しなければならない。彼らはポーランド人以外を先生としてはならず、その先生は、できることなら全員既婚者で、素行、誠実さ、良識、知識の点で全員卓越し、一定年限その職を立派に果たしたのち、より重要でより名誉ある職というのではなく——というのはそれは不可能なことだから——より辛苦の少ない、より輝やかしい職に、予定されるのでなければならない。とりわけ教育者という身分を一つの職業としないよう気をつけるがよい。ポーランドにあっては、およそいかなる公人も、市民という身分以外のいかなる永続的身分も有してはならないのである。彼が占める地位、わけても、このような重要な地位は、それにふさわしかったとわかったあとでより高い地位に昇進するための試練の場でありひとつの段階であるとだけ考えられるべきである。私はポーランド人が、私がしばしば強調することになるであろうこの格律に注意を向けるよう勧告しよう。私は、それが国家の大きな活力の鍵であると考えている。私の考えるところそれをいかにしたら例外なく実行可能なものとすることができるかは、このあとおわかりいただけるであろう。

富裕な貴族と貧窮した貴族が異なった方法で、別々に教育を授けられることになる、あの学院とアカデミーの区別を、私はまったく好まない[三四]。国家の政体上平等である全員が、一緒に、しかも同じ方法で教育を受けるべきであり、まったく無償の公教育が確立できないとしても、せめて、貧乏人が払えるだけの費用に押えるべきである。各学院に完全に無償の、すなわち国家負担の、フランスで給費《ブルス》と呼ばれている枠を、一定数設けられないものであろうか。こうした枠が、祖国に功績のあった貧困貴族の子弟に、施しとしてではなく父親の善き奉仕の褒賞として与えられるのであれば、そういう意味でそれは名誉あるものとなり、無視すべきでない二重の利点を生みだすかもしれない。そのためには指名が恣意的なものでなく、私がのちに述べるような一種の判定によってなされねばならぬであろう。こうした枠を満たす者は国家の子供と呼ばれ、大諸侯の子供も含めた同年の他の子供より優位に立たせる何らかの名誉のしるしによって区別されることになろう。

すべての学院に子供のための体育館、つまり身体訓練の場をつくらなければならない。このきわめて軽視されてきた条項は、私見によれば、教育のもっとも重要な部分をなし、それはたんに強健で健全な体質を形成するためばかりか、それ以上に、無視されているか、または言葉のみで守られたことのない衒学的で空しい山のような戒律によってしか果たされない、倫理的な目的のためである。善き教育とは消極的なものでなければならぬ、と私が何度繰り返し述べても、けっして十分繰り返したとは言えぬであろう。(三五) 悪徳が生まれるのを妨げよ。そうすれば、美徳のために十分尽くしたことになるのだ。その方法は、善き公教育にあってはもっとも容易なものである。それは、子供の気持ちをたえずそらさないようにすることだ。それも、彼らが何も理解できず、その場にいなければならないというだけで嫌いになるような退屈な勉強によってではない。そうではなく、長ずるにつれて彼らの体が必要とするようになる動きまわりたいという欲求を満たしてやることによって、彼らの気に入ることになる、運動によってなのである。しかも、その運動の楽しみは、彼らにとってそれだけにはとどまらないであろう。

彼らが個別気まぐれに遊ぶことを許してはならない。そうではなく、全員一緒に、衆人環視の場で、つねに共通の目的があってみながその達成を渇望し、それが競争心と対抗心を刺激するような方法でなければならない。家庭内の教育のほうを好み、自分たちの眼の届くところで自分の子供に教育を授けたいと考える両親であっても、やはり、この訓練に子供を送らなければならない。彼らの教育が家庭内の特殊なものであってもかまわない、しかし、彼らの眼はつねに公的な、みんなに共通のものでなければならないのである。というのも、ここではたんに子供を勉強させ、強健な体格をつくり、彼らを敏捷ですらりとした体にすることだけが問題ではなく、規則、平等、同胞愛、競争に早くから慣れさせ、同国人の眼差のもとに生き、公の称賛を欲するように慣らすことが問題だからである。そのためには、勝者の賞品と褒賞が、訓練の先生や学院の長によって勝手に授与されるのではなく、見物人の称賛に迎えられ、彼らの判断するところに従ってなされるのでなければならない。そして、その判断はつねに正しいだろうと考えることができる。ことに、その競技に少し華やかさを添え、スペクタクルになるよう組織することによって、公衆に魅力あるものとなるよう配慮するならば、である。すると、すべての紳士と善き愛国者は、そこに参加することを一つの義務、そして一つの喜びとするであろう。

ベルンには、学院《コレージュ》を卒業する若い貴族のためのとても奇妙な訓練がある。「模擬国家《エタ・エクステリユール》」と呼ばれるものだ。共和国の統治を構成するすべてのもの、元老院、首席司法官、官公吏、執達吏、演説者、訴訟、判決、祝儀祭典、といったものを小さくした模倣版である。模擬国家は小さな政府と、いくばくかの国債をさえ持っている。そして、主権者に認可され保護されるこの組織は、最初は遊びによって果たすだけの同じ職にあって、いつの日か国事を指導することになるであろう政治家の苗床なのである。

公教育について私はここでその詳細を述べようと企てているのではないが、公教育にどんな形態を与えるとしても、第一級行政官の学院を創設するのはよいことである。その学院は、公教育に最高監督権を有し、諸学院の長も学科の教師も自由に任免、入れ替えできるものとし、前者は、すでに私が述べたように、高位行政職候補となるであろうし、また後者は、彼らが職責を全うするその方法によって開かれも閉ざされもするより高い地位によって、その情熱と用意周到さが刺激されるよう、配慮されることになるであろう。共和国の希望と、民族の栄光と運命は、こうした諸機関にかかっている。私は実際、それらを重要なものと考えるが、驚いたことに、それらに重要性を付与しようなどとはどこでも考えられたことがなかった。私には立派で有益と思われる多くの考えが、すぐれて実行可能であるにもかかわらず、つねに、実際なされているあらゆることからはなはだしく隔たっているのを見て、人類のために深く残念に思っている次第である。

ところで、私はここで素描を試みているにすぎない。だが、私が語りかけている人々には、それで十分である。展開の不十分なこれらの考えは、古代人がそれによって人々を、あの魂の力強さへ、あの祖国愛の情熱へ、あの、人間に無縁でしかないものは考慮することなく真に一個人のものであるような美点への畏敬の念へと導いた、現代人には未知の道程を、遠くから示している。そうした美点は、われわれのあいだにあっては例を見ないものだが、しかしその種子がすべての人間の心のなかで芽ぶくには、ただふさわしい制度によって活動状態に置かれるのを待つばかりになっている。ポーランド人の教育、習慣、慣習、習俗を、こうした精神において導くがよい。そうすれば、腐敗した格律、疲弊した制度、人を堕落させることを説き勧める利己主義の哲学によって古臭いカビがはえるにはいたっていないあの種子を、彼らの内で発芽させることになるであろう。民族は、そこから抜け出す恐ろしい危機をもって、第二の誕生を刻印することになるであろう。そうして、まだ訓練のゆき届かない構成員がなしてきたところを見れば、均斉のとれた制度から期待するところは多く、得るものはいっそう多大であろう。民族は法律を慈み、尊重するであろう。法律は、彼らの気高い矜持を喜ばせ、彼らを幸福で自由にし、またそのように保つであろう。法律を誤魔化そうとする情熱を胸奥から根こそぎ絶やし、彼らは、法律を愛させる情熱をそこに育むであろう。つまるところ、いわばおのれ自身を再生することによって、彼らは、生まれ出た新民族のあらゆる活力を、この新時代に持つことになるであろう。しかしこうした注意がなされないのであれば、諸君は諸君の法律から何も期待しないがよい。それがどんなに賢明で先見の明があるものであっても、うまく誤魔化され、無駄なものとなってしまうだろう。そして、諸君を害するいくつかの悪弊を正したところで、予期しなかった別の悪弊を持ちこむこととなるであろう。以上が、私が不可欠だと信じた前置きである。いまから政体に眼を転じることにしよう。

〔五〕　根源的悪

はじめから空想的企図に身を投ずることは、できれば避けることにしよう。諸君、どういう企てが、いま、諸君の関心の的なのか。ポーランド統治を改革しようという企て、すなわち、一つの大王国の政体に、一小共和国が持つ堅固さと活力を賦与しようという企てである。この計画の実行にとりかかる前に、まず、成功の可能性のあるなしを見なければなるまい。民族の巨大さ！　国家の広大さ！　人類の不幸の、そしてとりわけ、文明化した諸国民を徐々に消耗させ、破壊する無数の災禍の、第一の、主要な源。ほとんどすべての小国家は、共和国と君主国とを問わず、それらが小国であり、全市民が互いに知り合い、互いに眼を合わせ、指導者が行なわれている悪と行なうべき善を自力で見知ることができ、命令が眼の届くところで実行されるという、ただそれだけのことによって栄える(三六)。おのれの総量に押しつぶされたすべての巨大国民は、諸君のように無政府状態のもとで苦しむか、あるいは、必然の推移で王が余儀なく国民に与えた下級抑圧者のもとで呻吟している。世を統べることができるのは、神しかいない。そして、巨大民族を統治しようとすれば、人間以上の能力が必要となろう。ポーランドの広大な拡がりが、幾度となく、統治を専制に変え、ポーランド人の魂を堕落させ、民族全体を腐敗させる、ということがなかっただけでも、ともかく、驚くべき、驚嘆すべきことである。このような国家が、何世紀も経たあとでなお、無政府状態にとどまっているにすぎないというのは、歴史上唯一の例なのだ。この歩みの遅延は、諸君がそこからみずからを解放しようと望んでいる不都合と不可分な利点に由来する。ああ、そのことを私が何度繰り返しても、言いすぎにはなるまい。諸君の法律に、そしてとりわけ現にある諸君をつくった法律に手を加える前に、そのことをよくよく考えていただきたい。諸君が必要とする最初の改革は、諸君の国土の拡がりであろう。諸君の広大な諸地方は、小共和国の厳格な行政に耐えることは、けっしてない。諸君の統治を改革したいと望むなら、国境を狭めることから始めるがよい。近隣諸国は、たぶんそのために役立とうと考えているのだ。分割される諸部分にとって、それはたしかに大きな不幸であろう。だが、民族体にとっては、大変よいこととなる。

もしこうした削除が行なわれないのであれば、おそらくそれに代わりうるような手段は、私にはただ一つしか見当たらない。しかも幸いなことに、その手段は諸君の持つ制度の精神の内に、すでに存在している。二つのポーランドの分離が、リトアニアのそれと同じように注目されねばならない。つまり、三国家を一つに統合して持つがよい（二七）。できることなら、諸州《パラチナ》と同じ数の国家を持ってほしいところではあるのだが。各州それぞれに固有の行政を形成するがよい。州議会《ディエティヌ》の形態を完璧にし、その権限をそれぞれの州において拡げるがよい。しかしその限界は慎重に指示し、諸議会のあいだで通常の法律と共和国全体への従属との関係を破壊することのないようにするがよい。一言で言えば、連邦政府という体系を拡げ、完成させるべく努めるがよい。それこそ、大国家と小国家の利点を結び合わす唯一の体系であり、その意味で諸君にふさわしい唯一の体系なのだから。この忠告を無視するなら、諸君はけっしていい結果を得られないと私は思うのである。

〔六〕　三階級の問題

統治について話されるのを耳にするとき、たいていい人は、私には間違っているか、あるいは疑わしく思われる原則にさかのぼるようである。ポーランド共和国は三階級より構成されている。すなわち、騎士階級《オルドル・デケストル》、元老院、それに王と、しばしば言われ繰り返されてきた。(三八) 私はむしろ、次のように言いたい。ポーランド民族は三階級より構成されている、すなわち、すべてである貴族《ノーブル》と、何者でもない商業市民《ブルジョワ》と、それ以下の農民である、と。もし元老院を国家の一階級に数えるなら、なぜ、国会議員の院《シャーンブル・デ・ノーンス》もそのように数えないのか。(三九) それは劣らず明瞭に区別されており、劣らぬ権威を有しているのだから。さらにその上、この区分は、それに賦与された意味そのものにおいて、明らかに不完全である。というのも、そこに大臣をつけ加えるべきだったのであり、彼らは王でも元老でも、国会議員《リーンス》でもなく、しかも最大の独立性を保って、あらゆる行政権力の劣らぬ受託者となっているのだから。全体によってしか存在しない部分が、それにもかかわらず、全体との関係において、そこから独立した一階級を形成するなどということを、一体どうやって私に理解させようというのであろう。イギリスにおける上院議員の身分が世襲制であるがゆえに、それ自身で存在する一階級を形成していることは、私も認めるところだ。だが、ポーランドで騎士階級をなくしてみるがよい。もはや元老院はないのだ。なぜなら、そもそもポーランド貴族でないなら、だれも元老にはなれないから。同様に、王ももはやいなくなる。なぜなら、王を任命するのは騎士階級であり、それなくして王は何事もできないから。だが、元老院と王をなくしてみるがよい。すると、騎士階級と、そしてそれによって国家と主権者が、そっくり残ることになり、気が向けば翌日からでも、以前と同様、元老院と王を持つことになるであろう。

しかし、国家の一階級ではないとしても、元老院が国家において無であるということにはならない。

そして、たとえそれが法律を一手に引き受けるのではないにしても、その構成員はその団体の権威から独立し、立法権力からも劣らず自由なものとなり、国会開会中に法律をつくりまたは廃止する場合はいつも、彼らに投票を禁じるとすれば、それは彼らがその生まれゆえに保持している権利を奪うことになるであろう。しかし、彼らが投票するのは、その場合もはや元老としてではなく、たんに市民としてである。立法権力が命ずるや否や、すべては平等状態に戻る。他のいかなる権威もその前では沈黙する。その声は地上における神の声なのだ。国会を主宰する王でさえ、彼がポーランド貴族でないとしたら、そのときはそこでの投票権を持たないと私は主張する。

人はここで疑いなく、私に次のように言うだろう。私の証明はやりすぎだと。そして、もし元老が元老として国会で投票権を持たないなら、市民としてももはやそれを持たないはずだ。なぜと言って、騎士階級の構成員は、そこでみずから投票するのではなく、ただ代表者によって投票するにすぎず、元老はその代表者の数に入っていないのだから、と。それに一体、彼らはどうして国会で個人として投票したりするだろう、他のどんな貴族も、国会議員でなければ、そこでは投票できないのに、と。こうした異論は、現状においては、根拠のあるものと私には思われる。しかし、企図された変革がなされたあかつきには、もはやそうではあるまい。なぜなら、そのとき元老は、彼ら自身、民族の永続的な、しかし立法という事柄に関しては同僚の協力があってはじめて行動できるような代表者となるだろうからである。

したがって、王と元老院、騎士階級の協力が法律をつくりだすのに必要だとは、言ってはならないのである。この権利は騎士階級にのみ属するもので、元老は国会議員同様その構成員となりはするが、しかし、元老院全体としては、そこに入っても意味がないのである。これがポーランドにあっては国家の法であり、また、そうあるべきなのだ。しかし、自然法、あの神聖にして時効というものを知らない人間の心と理性に命じる法は、このように立法権力を狭めることを許さないし、国会議員のように個人的に、あるいは少なくとも、貴族の団体のようにその代表者を通して投票することのなかった人を、だれであっても法律が拘束するということは、自然法の許すところではないのである。この神聖な法を犯して罰せられない者は絶対にいない。しかも、かくも巨大な民族が陥ることを余儀なくされている無力な状態は、国家体からそのもっとも数の多い、ときとしてもっとも健全な部分をもぎとらせているあの封建的野蛮の産物なのである。

ほんのわずかの良識と感情さえあればだれでも感じ取るのに十分なことがらを、ここで証明してみせる必要があると私が思っているとは、とんでもないことだ！ それに、ポーランドがその胸奥で訳もなく抑圧している力と活力とを、一体どこからひきだそうというのか。ポーランド貴族よ。貴族以上のものであれ。人間であれ。そのときはじめて、諸君は幸福で自由になるだろう。だが、諸君の同胞を鉄鎖につないでおくかぎり、幸福で自由であることを自慢しないがよい。

諸君の国民を解放する企ての困難を、私は感じている。私が恐れるのは、たんに利益が正しく理解されないことではなく、また主人の利己心や偏見でもない。こうした障害が取り除かれても、私には農奴の悪徳と無気力がこわい。自由は、旨い汁の出る食物だが、しかし、強い消化力がいる。それに耐えるには、きわめて健康な胃が必要である。(四〇) 陰謀の徒に煽動されるまま、自由についての観念など持ち合わさずあえて口にし、その上、心は奴隷どものあらゆる悪徳で満ち、自由になるには叛徒であれば十分と考えているあの卑しむべきものとなった国民を、私は嗤《わら》うのである。(四一) 犯しがたい聖なる自由よ。もしもあの哀れな連中がお前を知ることがあったら、どんな代価を払ってお前を手に入れ、確保するかを連中が知ったなら、お前の掟が暴君の軛の過酷さにくらべてどれだけ峻厳なものかを感じたら、抑えるべき情念の奴隷たる連中の惰弱な魂は、隷属の百倍もお前を恐れることだろう。いまにも連中を押しつぶしかねない重圧を考えて、恐れ戦きお前の許から逃げ去るであろう。

ポーランド国民を解放することは、偉大な、美しい行為であるが、しかし、大胆で危険に満ちたものであって、無思慮に試みてよいものではない。払うべき注意の内で、不可欠な、時を要するものが一つある。それは、何を措いてもまず、解放しようとする農奴を自由の名に値するものにし、自由の名に耐えうるようにすることである。このあと私は、そのために採用しうる方策の一つについて述べよう。その成功を疑ってはいないが、それを私が保証するのは生意気だと言われかねまい。何かもっといい方策があるなら、それを行なえばよい。しかしそれが何であっても、諸君の農奴は諸君と同じ人間であるということ、彼らは、いくらでも現在の諸君と同じようになりうる素地を内に備えているのだということを考えるがいい。まずもって、その素地を働かせるよう努めよ。そして、彼らの肉体は、魂を解放してはじめて、解放するがよい。この予備行為なくして、諸君の作戦は首尾よく運ばないものと、胆に銘ぜよ。

〔七〕 政体を維持する諸方策

ポーランドの立法はヨーロッパのおよそすべての立法と同様、順次断片的に寄せ集められてなされてきた。ある弊害に気づくと、それに応じて対策を講じる法律を一つつくるのがつねであった。この法律から別の弊害が生まれ、それをまた矯正しなければならなかったのである。この方法では終わるところを知らず、あらゆる弊害で最悪のものに行きついてしまう。すなわち法律の数をふやすことで、すべての法律の力を殺いでしまうのである。(四二)

立法の弱体化は、ポーランドにあっては、きわめて特殊な、そしてたぶん独特な方法で行なわれた。それは、立法が行政権力に従属させられることなく、その力を失ったことである。いまでもまだ、立法権力はその十全の権威を保持している。それは不活動の状態にあるが、しかしそれを超えたところに何かを見ているわけではない。国会はその創設時と同様、最高の権威を有している。しかしながらそれには力がないのだ。何ものもそれを支配しないが、しかし何一つそれに従わない。この状態は注目すべきであり、考察に値する。(四三)

何がこれまで立法の権威を維持してきたのか。それは、立法者がたえず存在したことである。共和国を支えてきたのは、国会《ディエット》のたびたびの開催であり、国会議員のたびたびの入れ替えである。これらの利点のうち、前者を享受しているイギリスは、後者を無視したがためにその自由を失った。同じ議会があまり長く続くので、毎年それを買収していたら破算に追いこまれる宮廷は、七年ごとに買収することでうまく収支を合わせ、欠かさずそうしている。諸君にとっての第一の教訓である。

立法権力がポーランドで維持されてきた第二の方策は、一つには、行政権力の分割で、そのおかげで、それを預かる者が立法権力を抑圧するために一致して行動することが妨げられた。そして二つには、この同じ行政権力がさまざまな手にしばしば移行したことであり、そのために、体系全体が簒奪の憂き目に遭わずにすんだのであった。歴代の王はその統治のあいだ、いくぶんか専制権力への歩みを進めてはいた。しかし後継者の選挙が、王にその歩みをさらに追求させる代わりに、後退することを余儀なくさせた。そして、王はおのおの統治の開始に当たって、種々の「協約《パクタ・コンヴェンタ》」(四四)のため、みな同一点から出発せざるをえなかった。その結果、専制主義へ向かういつもの傾向にもかかわらず、実際上いかなる進歩も見なかったのである。

　大臣、それに高官についても事情は同じであった。元老院からも、またお互い同士もみな独立しており、それぞれの所管で、無制限の権威を持っていた。しかし、これらの地位は相互に均衡を保っていた上、同じ一族のあいだで永続することはなかったので、いかなる絶対的な力も持たなかったのである。そして、どんな権力でも、簒奪されたものであってさえ、かならずその源に戻ったのであった。もし行政権力全体が元老院のようなたった一つの団体に、あるいは、王位の世襲によってある一族の手中に握られていたら、そうはいかなかったであろう。その一族あるいはその団体は、たぶん遅かれ早かれ、立法権力を抑圧し、ポーランド人をすべての民族がつながれ彼らだけ免れている軛につなぐことになっていたであろう。というのも私はとにかくもうスウェーデンは勘定に入れていないからである。(四五)第二の教訓だ。

　以上が利点である。それはたしかに大きい。しかし、以下が不都合であって、これはそれより小さいとはほとんど言えないのである。何人もの個人のあいだで分け持たれた行政権力は、その部分間の調和を欠き、善き秩序とは両立しがたいたえざる軋轢を生む。この権力の一部を預かる各人が、その部分のおかげで、あらゆる点で司法官と法律の上に立つ。彼はたしかに国会の権威は認める。だが認めるにすぎず、いったん国会が解散となるともうまったく認めようとはしない。裁判所を蔑視し、その判決をものとも思わない。それは小専制君主と同じであって、彼らははっきりと主権を簒奪しないが、細かい点で市民を抑圧せずにはおかず、良心に恥ずるところなく恐れを知らずに個人の権利と自由を犯すという、忌まわしく、しかもあまりに見習われやすい見本を示すのである。(四六)

これが国家を支配する無政府状態の第一の主要な原因だと私は思う。この原因を除去するには、ただ一つの方法しか私には見当たらない。それは、この小暴君に対して個々の法廷を公共の力で武装することではない。というのは、この力は、あるいは管理が悪く、あるいはより上級の力に制せられることによって、段階を追ってついには内戦にまで発展しかねない混乱と無秩序をひき起こす可能性がなきにしもあらずだからである。そうではなく、元老院のような尊敬すべき団体を、行政的な力全体で武装するのである。そうした団体は、そこから離反したい高官を、その堅固さと権威とで義務につなぎ止めることができるのだから。この方法は私には有効に思われるし、たしかに有効であろう。だが、その危険は恐ろしいものだし、きわめて避けがたいものでもあろう。というのは、『社会契約論』でおわかりいただけるとおり、行政権力を預かる団体は、およそどんなものであれ、立法権力を従えようとする強いたえざる傾向を持ち、遅かれ早かれ、そこまで行きつくものだからである。(四七)

この不都合に備えるために、元老院を多数の評議会《コンセイユ》に、すなわちおのおのを担当する大臣がそのおのおのを主宰するような部門に分割するという案が、諸君に提議されている。(四八)その大臣は各評議会の構成員と同じく、一定期間を経たのち入れ替わり、他の部門の構成員と交替するというのである。この考えはいいかもしれない。それはサン＝ピエール師(四九)の考えだったし、彼はその『ポリシノディ論』で、それを見事に展開していた。こうして分割されたが永続的な行政権力は、いっそう立法権力に従属させられるであろうし、行政のさまざまな部分は、別々ならいっそう深められ、いっそううまく取り扱われることになろう。しかしながら、この方策をあまり当てにしすぎないほうがよい。諸部分がつねに分離していれば、調和を欠くことになり、やがては相互に妨げ合うことになるであろう。ある部分が他の部分に対して、そのほとんどすべての力を横取りすることになり、ついにはその一つが影響力を得て、全部を支配するにいたるだろう。あるいは、もしそれらが一致し協調するなら、実際には同じ一つの団体を形づくるだけとなり、そして同じ一つの精神を有するので、一議会の両院のごとくなってしまうだろう。そこで、いずれにしろ私は、あらゆる個別の力が寄り集まってかならず主権者を抑圧することになるような行政の中心、中枢がそこから結果しないほど立派に、諸部分のあいだで独立と均衡が保たれることは、不可能だと考えるのである。われわれのほとんどすべての共和国にあっては、評議会はこのように諸部門に分割されているのであるが、その諸部門は、元来は相互に独立していたのに、やがて、それをやめてしまったのである。

この、会議あるいは部門による分割という創案は、現代のものである。自由がいかにして維持されるかわれわれ以上によくわきまえていた古代人は、こんな手段は知らなかった。ローマの元老院は当時知られた世界の半分を治めていたが、こうした分割の考えは頭に浮かびすらしなかった。しかしながらこの元老院は、元老が終身制であったにもかかわらず、けっして立法権力を抑圧するにはいたらなかったのである。そうではなく、法律には監督官が、国民には護民官がいたのであり、しかも、元老院が執政官を選出することはなかったのである。

行政が強力かつ健全で、その目的に正しく添うためには、行政権力全体が同一の手に握られていなければならない。しかし、この手が交替するだけでは十分でない。できることなら、それが主権者の眼の届くところで働き、それを導くものが主権者でなければならない。これこそ、主権者の権威を簒奪しないための秘訣なのである。

諸身分の集会と国会議員の交替がしばしば行なわれるかぎり、元老院あるいは王が立法権を抑圧または簒奪するのは困難であろう。イギリス国王のように、そうしなければカネに事欠くというのでしばしば国会を召集せざるをえなかったわけではないにもかかわらず、これまで王がそれをまれなものにしようと試みなかったということは、注目すべきことである。事態がつねに危機的な状態にあって、王権がそれに対処するのに不十分なものとなっていたか、または州議会における工作によって、国会議員の多数派をいつでも自由に操れると王が確信していたか、あるいは「自由拒否権《リベルム・ヴェート》」（五〇）に助けられて、自分たちの気に入らないような議決はいつでも阻止し、国会を自由に解散できると確信していたか、そのどれかでなければならない。これらの動機がすべてもはや存在しなくなれば、王あるいは元老院、またはその両者が共同して、国会からみずからを解放し、それを可能なかぎりまれにしか開かれないようにするべく躍起になるであろうと覚悟しなければならないのである。これこそ、何よりもまず、あらかじめ見越して、予防しなければならないことなのだ。提起された方策は唯一のものである。それは単純なことであり、かならず有効であるはずだ。私がそれを示した『社会契約論』以前に、だれもそのことを思いつかなかったとは、まったくもって奇妙な話である（五一）。

巨大国家のもっとも大きな不都合の一つ、そこで自由をもっとも維持しがたくしている不都合は、立法権力がみずから姿を現さず、代表によってしか作動しえないということである。それは、いい点も悪い点もあるが、しかし悪い点のほうが勝っている。(五二)立法者の全体を買収することは不可能だが、しかし立法者は容易に欺かれる。その代表者はなかなか欺かれない。だが、たやすく買収されてしまう。そして、そうならないことはまれなのである。諸君の眼前にはイギリス議会の例があり、「自由拒否権」によって、諸君の民族の例がある。さて、思い違いをしている人を啓発することはできる。だが身売りする人をどうやって引き止めるのか。ポーランドの事情に通じていなかったら、国会にはいっそう光明があり、州議会にはいっそう美徳があると、私は間違いなく断言するところである。

自由の機関を隷属の道具に変える、この買収という恐ろしい悪を予防する二つの方法が考えられる。

第一は、すでに述べたように、国会の頻繁な開催であり、これによって代表者がしばしば替わり、彼らの誘惑はいっそう高くつき、いっそう困難となる。この点に関しては、諸君の政体のほうが、大ブリテンのそれよりはよい。そして、「自由拒否権」を削除し、または、それに変更を加えたならば、連続する二回の国会に同一の国会議員を派遣することに対し何らかの障害を設けること、および、彼らが何度も選出されないようにすることを除いては、なすべき他のいかなる変更も、私には見出せない。この件については、このあとふたたびふれることになろう。

第二の方法は、代表者を彼らが選挙人から受けた指示に正確に従うよう強いること、そして国会での彼らの行動を選挙人に厳密に報告させることである。その点については、イギリス国民の無関心、怠慢、そしてあえて言うが、そのばかさ加減は、賛嘆する他ない。彼らは、議員を至上の権力で武装させたあとで、委任された職務が継続するまるまる七年間というもの、権力の使用を規制するための、何らの歯止めもそこに加えないのである。

ポーランド人は、州議会の重要性を十分感じていないし、彼らがそれに負うているところのものも、その権限を拡大し、より規則正しい形態をそれに賦与することによって、そこから得ることのできるところのものも、そのすべてを十分には感じ取っていないと私は思う。私は確信するのだが、もし諸連合《コンフエデラシオン》が祖国を救ったのだとすれば、それを維持したのは諸州議会であり、自由の真の守護神《パラジウム》は、まさしくそこにいるのである。(五三)

国会議員の受ける指示は、召集回覧状《ユニヴエルソー》(五四)のなかで予告された条項についても、その他の国家または地方の現在の必要事についても、きわめて慎重に作成されねばならない。そしてそれは一つの委員会によってなされねばならず、州議会議長《マレシャル》(五五)に主宰されてもよいが、しかしまた、多数決で選ばれたメンバーによって構成されるのでなければならない。そして、貴族は、この指示が集会中に読みあげられ、討議され、同意されないかぎり、けっして解散してはならない。その権力とともに国会議員に手渡されるこれらの指示の原文の他に、彼らによって署名されたその写しが、州議会の記録の内に残されねばならない。絶対に復活させるべきである報告州議会において、今度は国会議員が、この指示をめぐり国会での行動を説明しなければならない。そして、国会議員がのちの他の一切の議員職《ノンシアテユール》にとどまるべきか、それともそこから排除されるべきかは、この報告にもとづく。すなわち、彼らが選挙人の満足のいくように受けた指示に従った場合は、ふたたび適格であると宣言されることになる。この検討は最重要のものである。それにどんなに注意を払っても払いすぎではなく、結果を示すに当たってどれほど念を入れても入念すぎるということはあるまい。国会議員は、国会で発する一語、彼がなす振舞の一つひとつにさいして、あらかじめその選挙人の眼に見透されていなければならず、自分の提案する計画、およびその実現に不可欠な同国人の評価に対して、選挙人の判断が持つであろう影響力を感じ取っていなければならない。というのも、結局、民族が国会に議員を送るのは、なにもそこで個人的な意見を表明するためではなく、民族の意志を宣明するためだからである。この歯止めは、議員をみずからの義務につなぎ止め、どこから来るものであってもおよそあらゆる買収を予防するために絶対必要である。何と言われようと、私はこの制約に対し何らの不都合も見出せない。なぜなら、国会議員の院《シャーンブル・デ・ノーンス》は、行政の詳細にはいかなるかかわりも持たず、あるいは持つべきではないのであるから、予期せざる事態については、一切、けっして扱う必要は起こりえないからである。そもそも、ある国会議員が、選挙人の明白な意志に反するようなことを何もしさえしなければ、彼らが予想しなかった事態、そしてそれについては彼らが何も決定していなかった事態に関して彼が善き市民として意見を述べたところで、彼らはそれを罪とはしないであろう。このように国会議員を指示に縛りつけることに、実際何らかの不都合がたとえあったとしても、法は民族の意志の事実上の表明に他ならないという考えの持つ非常に大きな利点に関してはやはり何ら躊躇するところはなかろう、そう私は最後につけ加えておく。

しかしまた、これらの予防措置が取られれば、国会と諸州議会とのあいだの権限上の紛争は、けっしてあるはずがないのである。そして、国会開会中にある法律が定められたら、私は抗議の権利を諸州議会にも認めたりはしない。州議会から送られた国会議員が義務を怠ったときは、州議会はその議員を罰するがよい。必要なら彼らの首をはねさせるがよい。しかしつねに、例外なく、抗議の声をあげずに十全に従わねばならない。自分たちの悪しき選択の罰を立派に背負うがよい。ただ、次の国会で強硬な意見提出をするのが適切だと判断した場合、好きなだけそうすることを除いては、である。

国会が頻繁に開催されるなら、会期を長くすることはそれほど必要ではなくなる。国家の通常の必要事には、六週間の会期で十分のように私には思われる。しかし主権がみずからに枷《かせ》をはめるのは、わけてもそれが直接民族の手に渡っているときには、矛盾したことである。この通常国会の会期がずっと六週間に定められるのであればそれは結構なことだが、しかし事態が要求するとき、この会期をはっきりした議決によって延長するのはつねに議会次第であろう。というのも、その本性からして法の上に立つ国会がもし、私は継続したい、と言えば、だれが一体それに向かって、お前が継続するのを私は望まないと言えるであろうか。国会が二年以上継続しようとしたことは、一例あるにすぎない。だが、そうすることは不可能だろう。つまりその場合は、その権限は終息し別の国会の権限が第三年目とともに始まるだろうから(五六)。国会はどんなことでもできるのだが、たしかに、国会と国会のあいだにより長い間隔を規定できる。しかしこの新たな法は、それに続く国会にしかかかわりを持ちえないであろうし、それを制定する国会は、それを利用するわけにはいかないのである。こうした規則が演繹される諸原則は『社会契約論』で明らかにされている(五七)。

臨時国会に関しては、善き秩序の観点からは、実際まれにしか開かれず、ただ緊急の必要がある場合にのみ、召集されるべきである。その必要性の緊急度が王によって判断されるなら、彼の言葉は信じられるべきだとは私も認めよう。しかし、こうした必要はありうることであろうし、たとえ王がそれに同意しなくても、そうなのだ。それでは元老院がそれを判断すべきであろうか。自由な国家では、自由を攻撃しそうなあらゆることに備えておかねばならない。もし諸連合が残るなら、ある場合にはそれが臨時国会の代わりをつとめることができる。しかし、もし諸君が連合を廃止するなら、ぜひともこうした国会のための規定が必要となるのである。

臨時国会の会期を法が理に適った方法で定めることは不可能であると、私には思われる。なぜなら、それはもっぱら臨時国会を召集させる事態の性質いかんで決まるからである。普通、そこでは迅速さが必要だ。しかし、この迅速さは扱うべき事態と関係するものであって、その事態は通常の事件とは性質を異にするものなのだから、その点に関して前もって何か規定するわけにはいかないのである。そこでこのような状態に立ちいたったら、この状態が変化するか、あるいは、通常の国会が臨時国会の権限を終息させるまでは、臨時国会を招集したままにしておくことが大切となろう。

あれほど貴重な時間を国会で節約するためには、時を費やすしか役立たない無駄な議論を議会から取り除くよう努めねばなるまい。なるほどそこでは規則と秩序ばかりでなく、儀式と威厳も必要である。この条項に特別の配慮を払い、そして、たとえば軍組織が法律の神殿を汚すのを見たら、そこに蛮行と恐るべき不品行を感じてもらいたいものだとさえ、私は思う。ポーランド人よ、諸君は、かつてローマ人がそうであった以上の戦士なのだろうか。それに彼らの場合共和国の最大の混乱のさなかにあってすら、一振りの剣が、民会《コミス》や元老院を汚す光景を見ることはけっしてなかったのである。しかしまた、重要かつ必要なことに執着しながらも、よそで同じように立派になされうることは、すべて避けてほしいものだと私は思う。たとえば、ルジ、すなわち国会議員の適法性の検査は、国会では時間の無駄である。この検査がそれ自体重要なことではないというのではなく、それは彼らが選出され、彼らについてもっともよく知っており、彼らのすべての競争相手がいる場所でこそよく、否よりよくなされうるからなのである。彼らの選出の有効性がよりよく、しかもより短時間で確証されうるのは、ラドムの監査役《コミセール》と、最高裁判所《トリビュナル》の判事《デピュテ》(五八)に対して実施されているのと同じように、彼らの州自体において、彼らを代表として派遣している州議会においてなのである。それがなされたなら、国会は彼らが携帯している任命証明書《ラウダム》(五九)にもとづいて文句なく認めなければならない。そしてそれはたんに議長(六〇)の選挙を遅らせる障害を予防するためばかりではなく、とりわけ元老院、あるいは王が、それによって選挙を妨害し、自分たちにとって好ましくない議題に言いがかりをつける策謀を防ぐためなのである。ロンドンで最近起こった事件はポーランド人にとって一つの教訓となる。(六一)このウィルクスは下書きにすぎないことを私はよく知っている。(六二)しかし彼の排斥の例によって版型ができあがったので、以後下院には宮廷の気に入る人物しか、もはや認められることはないであろう。

州議会で投票権を持つ構成員の選出にいっそう注意を払うことから始めねばなるまい。それによってより容易に国会議員職に選出可能な人間を選り分けられるであろう。ヴェネツィアの記名帳(六三)は、そのもたらす便宜のゆえに、従うべき模範である。各管区記録保存所《グロッド》に、必要な条件にもとづき州議会への加入と投票権を得られるようなすべての貴族の登記簿を保持しておくことは、便利でもあり、またそうすることは非常に容易なことでもあろう。管区の登記簿に、彼らが法律の要求する年齢に達するのに応じて登録し、またそこから除外しなければならないような人間はそうなったらすぐその除外の理由を記して取り消すのである。こうした登記簿によって――それにはそれ相応の形態を賦与しなければならぬであろうが——、州議会の正当な構成員も国会議員職に選出可能な人物も、たやすく見分けがつくであろう。そしてこの条項に関しては、長たらしい議論が大いに省略されることとなろう。

国会と州議会におけるよりよい秩序の維持は、たしかに大変有益なことであろう。だが何度繰り返し言っても言いすぎにはなるまいと思うが、同時に相反する二つのことを望むべきではないのである。秩序維持も結構、しかし自由はなお結構。そして諸君が自由をある形式によって妨げれば、その形式が簒奪へのいっそう多くの手段をもたらすことになるであろう。立法の秩序において放縦を阻止するために諸君が用いるすべての手段は、それ自体よいものであっても、早晩それを押しつぶすことになるであろう。あれほど大切な時を無駄にする長く無内容な演説は、大きな悪だ。だが善き市民が言って役に立つことがありながらあえて口を開かないのは、はるかに大きな悪なのだ。国会で限られた人間の口しか開かれなくなったら、そしてそれすらすべてを言うのを禁じられたら、たちまちその口は権力者に気に入るようなことしか、もはやしゃべらなくなるであろう。

職務の任命と恩恵の授与において不可欠な変更がなされたあとでは、おそらく空疎な演説はより少なくなるであろうし、そうした形で王に向けられる阿《おもね》りもいっそう少なくなるであろう。しかしながら、はっきりしない言葉遣いや曖昧でわかりにくい言葉をいくらかでも取り払うためには、およそあらゆる演説者に、演説の開始に当たって彼がしたい提案をはっきり述べさせ、そしてその理由を詳述したあとでは、王の部下が法廷でそうしているように、手短な結論を与えるように仕向けることもできよう。これで演説が短くならないとしても、少なくとも何事も言わないために、そして時間を費やして何事もなさないためにのみ話したがる人を、抑えることにはなるであろう。

法律を承認するために国会で確立されている形態がどんなものか、私はよく知らない。しかし前に述べた理由から、その形態が大ブリテンの議会におけるのと同じであってはならないということを私はよく知っている。すなわちポーランドの元老院は、立法権ではなく行政権を持つべきこと、いかなる立法事由においても、元老は元老院の構成員としてではなくただ国会の構成員として投票すべきこと、そして投票は両院のどちらにおいても等しく頭数で数えられるべきであることを、私は知っている。「自由拒否権」の慣習は、たぶんこうした区別をすることを妨げてきたのであるが、しかし、「自由拒否権」が取り除かれたあかつきには、その区別は大いに必要なものとなるであろう。しかもそれは、国会議員の院において、大きな特典が一つ減ることになるのであるから、いっそうそうなのである。というのも、大臣はなおさらとして、元老がこの権利に参与してきたとは私は想像しないからである。ポーランドの国会議員の「拒否権《ヴエート》」は、ローマにおける人民の護民官《トリバン》のそれを思い出させてくれる。ところで彼らはこの権利を市民としてではなく、ローマ人民の代表者として行使していたのである。したがって「自由拒否権」の喪失ということは、国会議員の院にとってのみ言えるのであって、元老院という団体が、そこで失うものは何もないのだから、その結果得をすることになるのである。

こう仮定すると、国会には正すべき欠陥が一つあるのがわかる。それは元老の数が国会議員の数にほとんど匹敵するので、(六四)議決にさいして元老院があまりに大きな影響力を持っており、そしてつねに優勢となるために彼らが必要とするわずかの票を、騎士階級において信用を得ることにより容易に獲得できるということである。

それは一つの欠陥である。なぜなら国家のなかで特殊な団体である元老院は、必然的に民族とは利害を異にし、ある点ではそれに反する可能性さえある団体利害を持つからである。ところで、一般意志の表明に他ならない法はまさしく、あらゆる個別利害がその多数利害によって結び合わされ均衡を保たれた結果なのである。しかし団体としての利害は、あまりに重みがつきすぎて均衡を破ることになるから、そこにまとまって入るべきではないのだ。各個人は発言権を持つべきであるが、いかなる団体もそれが何であれ一つとして発言権を持つべきではない。[六五]ところで、もし元老院が国会で重きをなしすぎるとすれば、たんにそこへ自分の利害を持ちこむのみならず、それを優勢なものとしてしまうであろう。

この欠陥に対する一つの自然な矯正手段が、おのずと提示される。それは国会議員の数をふやすことだ。しかしそうすると、あまりに大きな動きを国家にひき起こし、例の民主主義の騒擾に近づきはしないかと懸念されるのである。[六六]どうしても割合を変えねばならないのだとしたら、国会議員の数をふやす代わりに元老の数を減らしたいところだろう。そして実際私には、各州の長としてすでに行政長官《パラタン》が入っている以上、何ゆえまた大要塞司令官《カステラン》がそこに必要なのかわからないのである。[六七]

私見によれば、評議会の構成員の数をふやして議決にさいし自由を妨げるよりは——この数があまりに多くなりすぎるといつでもそうせざるをえなくなるのだが——より構成員の数の少ない評議会を持って、それを構成する人々により多くの自由を残すほうがいいのである。悪と並んで善も予見することが許されるなら、それに私はこうつけ加えよう。諸都市住民の貴族叙任と農奴解放にいたることがあるのなら——民族の力と幸福のためにはそれが望ましいのだが——いつの日か混乱なく国会に新たな代表を認める手段を失うことのないようにするためには、国会の人数を最大限多数にすることは避けるべきである、と。

そこで別の方法で、しかもできるだけ少ない変化で、この欠陥を矯正する方策を探してみよう。すべての元老は王によって任命される。したがって彼らは、王の創造物である。その上、彼らは終身その地位にとどまる。そこでこの資格からして、王からも騎士階級からも独立した一団体を構成し、その団体はすでに述べたとおり、みずからの利害を別に持ち、簒奪に向かうはずなのである。そして、ここで人は私に矛盾を咎め立てしてはならないのだ。なぜなら、私は共和国の一編成階級としてはそれを認めていないとは言え、元老院を共和国におけるはっきり異なる一団体としては認めているのであるから。というのも、それはまったく別のことだからである。

第一に、王から元老の任命権を奪わねばならない。それは、彼がそれによって元老に対して保持する権力――それも大したものではないはずの権力――のゆえと言うよりはむしろ、元老になりたいと渇望する人々すべてに対して、そして、そうした人々をとおして民族体全体に対して彼が持つ権力のゆえなのである。政体にあらわれるこの変更の結果とは別に、そこからは、貴族のあいだに追従の精神を弱め、それを祖国愛の精神でとって代えるという測り知れない利点が結果するであろう。元老が国会によって任命されることに私はいかなる不都合も見出さない。そして、詳述される必要がないほど明らかな大いなる利益の数々がそこにはある。この任命は国会でいっきょになされることも、あるいは、各州で空席に対し一定数の人間を推薦することでまず州議会でなされることも可能である。これら選ばれた人間から国会がその選択を行ない、あるいはまたそこから国会がより少数を選び、そのなかからやはり王に選択権を残すということも可能であろう。しかし、いっきにもっとも単純なところまで突き進むとすれば、各行政長官が自分の州の州議会で終局的に選出されてなぜ悪いであろうか。ポロツク、ヴィテブスクの行政長官、およびザモシチの領主《スタロスト》に対するあの選挙から、いかなる不都合が生じるのを眼にしたと言うのか（六八）。そしてこの三地方の特権が全地方の共通の権利となるのに、いかなる害悪があると言うのであろう。国家の大きさ、あるいはむしろ広大さに付随する諸悪をできるだけ遠ざけるためには、その政体を連邦形態へ向けることがポーランドにとって重要であることを見失わないようにしよう。

　第二に、元老がもはや終身制でなくなれば、簒奪を指向する団体としての利害を著しく弱めることになるであろう。しかしこの処置には難点がある。一点目に、国事を扱うのに慣れた人間が過誤を犯さないのに突然私的身分に戻されるのはつらいことだからである。二点目に、元老の地位は行政長官や要塞司令官の肩書とそれに付随した地方権力に結びついており、この肩書とこの権力が一個人から他の個人へたえず移行することは、混乱と不備を結果することになるだろうからである。結局この免職の可能性は司教にまでは拡大できず、またたぶん大臣にまで拡大すべきではない。その地位が特殊な才能を要求する大臣職は、かならずしも務めるのに容易でないからである。もし司教だけが終身制になれば、すでにきわめて大きな僧侶の権威ははなはだしく増大するであろう。そしてこの権威は、司教同様終身制であって解職されるのを彼ら以上に恐れることのない元老たちによって均衡のとれたものとなることが、重要なのである。

　こうしたさまざまの不都合を矯正するために私が想像をめぐらすとすれば、以下のようになるであろう。第一等元老の地位は終身制のままであってほしい。これは、司教および行政長官の他に第一等要塞司令官の全員を含めて八十九人の元老を、罷免されないものとすることになろう。(六九)第二等要塞司令官については全員有期としたい。国会ごとに新たな選挙をすることとし、任期二年とするか、適切と判断したらより長期とするか、いずれにしろである。しかし各期限がきたらかならず地位を離れるのだ。ただし国会が継続を希望する人間の再選は別である。私はそれをのちに見られる計画に従って、ただ一定回数のみ許すことにするであろう。

肩書の障害は取るに足らぬものであろう。なぜならそうした肩書は元老院に議席を占める以外の他の機能をほとんど与えないのであるから不都合なく廃止しうるであろうし、議席についた要塞司令官という肩書の代わりに、ただ議員元老《セナトウール・デピュテ》という肩書を取ればよいであろうから。行政権力の与えられた元老院は改革によってその構成員の一定数によって永続的に集まることになるのであるから、議員元老のうち釣合いの取れた人数も同様にかならず順番にそこに参加する義務があることになる。しかしここではこの種の細部が問題なのではない。

この感じられるか感じられないかの変更によって、これらの要塞司令官あるいは議員元老は、現実に国会の代表者となって元老院という団体と均衡を取り、民族の集会において騎士階級を補強するようになるであろう。その結果、終身元老は「拒否権」の廃止と王権および一部分彼らの団体に溶けこんでしまった大臣の権限の縮少によって、たとえ以前より強力になったとしても、しかしながらその団体の精神をそこで支配的にすることはできないであろう。そしてこのように有期の構成員と終身の構成員の二つの同等の部分からなる元老院は、行政を規制するのに十分な堅固さと法律に従うのに十分な依存性をあわせ持つので、国会議員の院と王のあいだの中間的権力となるのに可能なかぎり十分よく構成されることとなるであろう。こうした処置は私にはよいものに思われる。なぜならそれは単純でありながら、それでも大きな効果を有するものだからである。

「拒否権」の弊害を緩和するために、投票を国会議員の頭数で数えることはもはやせず州によって数えることが提案されている。[七〇] この変更が利点を持ち連邦形態にとって好ましいものではあっても、それを採用する前にそれについてどんなに熟慮してもしすぎということにはなるまい。全体としてまとまって受け取られる投票はいつも個人によって分離してなされる投票ほどには、共通の利益へと直接向かうことはない。ある州の国会議員のあいだで、彼らの内の一人が彼らの固有の決議にさいして他の人々に対し支配力を行使し、各投票権が独立したものであるなら獲得しないような最大多数を自分の意見のほうへと決定づけるということが、きわめてしばしば起こることになろう。こうして買収はいっそう手間が省け、呼びかけるべき相手はいっそうよくわかることになろう。その上、だれも他人のことで弁解せず、罪なき人間と咎められるべき人間とが混同されず、そして配分的正義がよりよく守られるためには、各国会議員が自分の州で自分のためにのみ答えねばならないほうが望ましいのである。共通の絆を大いに緩めるような、そして国会ごとにみすみす国会を分裂させかねないようなこうした影響に反対する幾多の理由が提示される。国会議員を彼らの受ける指示と彼らの選挙人にいっそう従属させることによって、何らの不都合もなくほとんど同じ利益を得られるのである。なるほどこのことは、各国会議員の国会における行動と意見が隠されることなく、また彼が個人の私的な名においてそれに責任を持つために、表決が投票によってではなく、大声をあげてなされることを前提とする。しかしこの表決という主題は、私が『社会契約論』のなかでもっとも多くの配慮を払って詳

細に調べたものの一つであるから、ここで繰り返すのはしなくもがなというものである。(七一)

選挙に関して言えば、各国会で一度にこれほど多くの議員元老を任命することに、そして一般に——これは私が提案しなければならない計画のなかでときどき取りあげられることだろうが——多数の人間をより多数のなかから選出するということに、たぶん最初は、何らかの当惑を覚えるかもしれない。しかしこの条項については、投票に訴えることで容易にその当惑が除去されるであろう。印刷され、番号の付された厚紙を選挙の前日選挙人に配布し、そこにはそのなかから選出されるべき全候補者の名前が書かれている、といった手段を用いるのである。翌日、厚紙の頭書きにある指示に従って選出、または排除する人の印を各自自分の厚紙につけたあと、選挙人たちは一列になって彼らのすべての厚紙を一つの籠に返しに来るのだ。この同じ厚紙の判読は会衆の面前で国会書記により直ちになされる。国会書記は出席した国会議員のなかから議長《マレシャル》(七二)が即座に指名した二人の「法律のための《アド・アクトゥム》」書記に補佐される。こうした方法によればその操作は非常に短く簡単になるので、全元老院の議席が一度の開会で争いも騒ぎもなく容易に満たされることになろう。なるほど候補者リストを決定するには、まだもう一つ規則が必要であろう。しかしこの条項はしかるべきところで扱われることになろうし、忘れられることはないだろう。

国会を主宰し、その地位からして法律の最高の管理者であるべき王については、なお語らねばならない。

〔八〕 王について

自由の擁護者となって然るべき一民族の首長が、自由の生まれながらの敵であるということは、一つの大きな悪である。この悪は、私見によれば、それをその地位から引き離すことができないほど、あるいは少なくともそれを著しく小さくすることができないほどその地位に固有のものというわけではない。希望がなければ誘惑などけっしてないのだ。簒奪を諸君の王に不可能なものにしてみるがよい。そうすれば王からそうした気まぐれを取り去ることになるだろう。そして王は、いまは諸君を従えることに傾注している全努力を、諸君をよく治め諸君を守るほうに振り向けるであろう。ヴィロルスキ伯爵が指摘されたとおり、ポーランドの制度創設者たちは王から害悪をふりまく手段を奪うことはたしかに考えてきたが、しかし買収の手段を奪おうとは考えなかった。そして王がその授与者となっている恩恵がこの手段を豊富に提供しているのである。困難は、王からこの授与権を奪うことによって、すべてを奪ってしまうように見えることだ。しかしながら、それはしてはならないことである。なぜならそれくらいなら王などまったくいないほうがましなのであり、しかもポーランドのように大きな国家には、王なしで、すなわち終身の最高の首長なしですますことは不可能だと私は思うからである。(七三)さて、一民族の首長がまったく無であり、したがって無益であるというのでない限り、彼は何事かをなすことができなければならず、そして彼のなすことがたとえわずかであっても、それは必然的に善であるか悪であるかでなければならない。

いま元老院はすべて王の任命による。それではあんまりだ。もし彼がこの任命にぜんぜん参与しないのであれば、それは十分ではない。イギリスにおいては、上院議員職《ペーリー》は同じく王の任命によるとは言え、それが王に従属することははるかに少ない。なぜならこの上院議員職はいったん与えられると世襲制であるのに対して、司教職《エヴェシエ》と行政長官職、そして要塞指令官職は終身一代限りにすぎず、肩書所持者の死にさいしてはふたたび王の任命にまつからである。

この任命がいかになさるべきであるか私は述べた。すなわち行政長官と大要塞指令官は各州議会によって終身に、第二等要塞司令官は有期で国会によって、というふうにである。司教に関しては、司教座聖堂参事会に選ばせるのでなければ、王からその任命権を奪うのは難しいように私には思われる。そこで私はそれを王に残しておくことができると考えるのであるが、しかしながらグニェズノ大司教の任命権だけは別である。国会だけが自由にすべき首座大司教職を国会から切り離さないかぎり、それは当然国会に属すものなのである。(七四) 大臣《ミニストル》、わけても大将軍《グラン・ジェネロ》や大財務官《グラン・トレゾリエ》については王権と釣合いの取れている彼らの権力がたとえ縮小されねばならないものだとしても、これらの地位を自分の配下とって代える権利を王に委ねることは慎重ではないように私には思われる。そこで少なくとも、国会によって推薦された少数の人物に対して王が選択権を有するにすぎないような状態を私は望みたい。これらの地位を与えてしまったあとでは、もはやそれを奪うことはできないのであってみれば、そうした地位に就いた人間を王はもう絶対的には当てにできないということには私も同意しよう。だが、統治の様相を変える可能性を王に許すのはともかく、少なくともそうした希望の余地を王に残すのは、それらの地位が王に与える権力——その地位を喝望する人々に対して持つ権力——で十分なのだ。そしてどんな代価を払っても王から奪うことが大切なのは、そうした希望なのである。

大法官《グラン・シャンスリエ》に関しては、王の任命によるべきであるように私には思われる。王はその国民の生まれながらの判事である。たとえ王がみなそれを放棄したとしても、王がその地位に置かれているのはこの機能のためなのだ。それが王から奪われることはありえない。そして王が自身それを果たすことを望まないとき、この部門における代理の任命は王の権利に属する。なぜなら、王の名においてなされる判決に責任を持つべきなのは、つねに王だからである。たしかに民族は陪席判事を与えることができるし、王みずから裁判を行なわないときはそうすべきである。かくして、王ではなく大法官が裁判長となる王の法廷《トリビュナル・ド・ラ・クーロンヌ》は民族の監視のもとにあるのであり、その他の構成員を州議会が任命することには理由があるのである。もし王がみずから判決を下すのであれば、彼は一人で判決を下す権利があると私は考える。いずれにせよ王の利益はつねに正しくあることであろう。そして不正な判決が簒奪にいたる順当な道であったためしはけっしてなかったのである。

王権であれ諸州であれその他の顕職については、それは名誉上の称号にすぎず、勢力を与えるよりは輝きを添えるものであるのだから、それをまったく自由にする余地を彼に残すのが最善である。功績には名誉を与えさせ、虚栄心をくすぐらせるがよい。しかし権力を授けさせてはならない。

王座の威厳は華々しく保たれるべきである。しかしそのために必要なすべての出費については、王に任せる額をできるだけ少なくすることが大切である。王のすべての官吏は王ではなく共和国に雇われること、そして王によるカネの扱いをできるだけ減らすために、王の全収入を同じ割合で切り下げることが望ましいであろう。

王位を世襲にすることが提案された(七五)。そうした法が定められたあかつきには、ポーランドは自由と永遠に訣別するものと確信するがよい。王権を制限することによってそれに十分対処することが考えられている。法律によって定められるこうした限界は、時がたつとともに、順を追って進行する簒奪によってのり越えられるであろうということ、そして王家によってたえず採用され守られてきた体系が、その本性からつねに穏やかになる傾向を持つ立法に結局は打ち勝つにちがいないということが、見過ごされている。たとえ王が恩恵によって諸侯を買収できないとしても、王の後継者が保証人となる約束によってやはり王は諸侯を買収することができるのであり、そして王家によってつくられる計画は王家とともに永遠に存続するのであるから、選挙による王権が君主の生命の終息とともに彼の計画の終息を示す場合以上に人は王家の約束に信を置き、その遂行を当てにすることになるであろう。各治世が始まる前に一定の期間が設けられ、そのあいだに全権利を回復し新たな活力をふたたび手にした民族が弊害と簒奪の進行を断ち、またそのあいだに立法が息をふき返し最初のバネを取り戻すからこそ、ポーランドは自由なのである。ある一族が永久に王位に就き、間断なくその地位を継ぎ、父の死と息子の戴冠のあいだに実効のない自由の空しい幻影しか民族に残さないとしたら、そして、聖別式にさいしてすべての王によってなされ、一瞬後には全員が永遠に忘れ去る見せかけの誓約がやがてはその幻影も無に帰するとしたら、ポーランドの守りの楯たる諸「協約」は一体どうなるのであろうか。諸君はデンマークを見た。イギリスを見ている。そしてスウェーデンを見ようとしている(七六)。どんなに用心に用心を重ねたところで王位の世襲と民族の自由とは永遠に両立しえないということを、こうした実例を使って最終的に頭に入れるがよい。

ポーランド人は、いつも選挙という権利によってではあるが、相続の道によって父から息子へ、あるいはもっとも近親の人へと王権の移行を行なう傾向がつねにあった。彼らがこうした傾向に従い続けるなら、それは早晩王位を世襲制にするという不幸に導くであろう。そして、ドイツ帝国の構成国が皇帝の権威に抗ったのと同じくらい長くこうしたやり方でもって王権と抗えると期待してはならないのである。なぜならポーランドは、世襲の王を法律上従属的な地位に保つのに十分なだけの抑止力を自身の内に持たないからである。帝国の多数の構成国の力にもかかわらず、カルル七世の偶然の選出がなければ、皇帝の協定条件書など、今世紀初頭そうであったようにもはや一片の空しい文例集にすぎなくなっていたろう。(七七)そして王家がみずからを強固にし、他家をその下に従える暇を稼いでしまったら、諸「協約」ははるかに空しいものとなることであろう。この条項に対する私の見解を一言で述べれば、もっとも絶対的な権力を有する選挙制王権のほうが、ほとんど無に等しい権力を授かった世襲の王権より、やはりポーランドにとってはましだと思うのである。

王位を世襲にするようなこうした致命的な法律に代えるとすれば、私なら正反対の、もしそれが認められればポーランドの自由を維持するであろう法律を一つ提案することであろう。それは、王権が父から子へはけっして委譲されず、ポーランドの王の息子は何人といえども王位から除外されるということを基本法によって布告することであろう。もしもそういう法律が必要ならば私はそういう法律を提案するであろうが、と言っているのである。しかし、それがなくても同じ効果を期待できるようなある計画に心を奪われている私としては、その計画の説明はそれにふさわしい場所にまわすとして、その効果によって息子が父の持つ王位から少なくとも直接には除外されるであろうと仮定してみると、立派に保障された自由だけがそうした排除から帰結する唯一の利点ではないということがわかるように思うのである。そこからはまたもう一つ非常に大きな利点が生まれるだろう。すなわちそれは、恣意的権力を簒奪して自分たちの息子に渡す望みをすべて王から奪うことによって、王の全活動を野心に開かれた唯一の目的たる国家の栄光と繁栄へと向けるということなのだ。このようにして民族の首長は、もはやその生まれながらの敵ではなしにその第一の市民となるであろう。このようにして彼は、国民にとっては親愛なるもの、隣接諸国にとっては尊敬すべきものとするような、そして、死後彼の思い出をほめたたえさせることになるような有益なる諸建設によって、その治世を顕揚するという大事業を果たすであろう。そしてこのようにして、けっして彼に残してはならない有害な人間を買収する手段を別にすれば、公共善に寄与しうるすべての領域において彼の権力を増大させるのがよい、ということになるであろう。彼はみずから行動できるだけのじきじきの直接的な力はほとんど持つまい。だが各人をその義務にとどめ、政府をその真の目的に導くための多くの権威、監視力、監督力を得ることであろう。国会と元老院、あらゆる団体を主宰すること、高位にあるすべての人間の行動を厳しく吟味すること、あらゆる法廷で正義と公明正大さを維持し、国家に秩序と安寧を保ち、外に対しては国家にしっかりとした基盤を与えるため大いに配慮すること、戦時には軍を指揮し、平時には有益な建設をすること、これらは特に王の職務に密接する義務であり、彼がみずからそれを果たそうと望むなら、かなり忙しくなるはずである。というのも、行政の細部はそのために設けられた大臣に委ねられるのであるから、ポーランドの王がみずからの行政のいかなる部分でも寵臣に委ねれば、罪となるにちがいないからである。自分の仕事を自分でするか、さもなくば放棄するのがいいのだ。民族がけっして油断してはならない重要な条項である。

立法と行政を構成する諸権力のあいだに平衡と釣合いを打ち立てるのも、同様の原則にもとづいてなされるべきである。これらの権力がその受託者の手にあって最良の比率を構成する場合、受託者の数に正比例し、彼らがその地位にとどまる時間に反比例しなければならないであろう。国会の構成諸部分はこの最上の比率をかなりよく守ることになろう。もっとも数の多い国会議員の院はまたもっとも強大であるが、しかしその構成員はすべて頻繁に入れかわるだろう。数のそれほど多くない元老院は立法に参与する割合はそれほど多くないが、しかし行政権力に参与する割合はより多く、さらに、こうした両極の政体に参加しているその構成員は中間的団体にふさわしく、一部有期、一部終身となるであろう。すべてを主宰する王は終身のままとなるが、監督に関してはつねにきわめて大きなその権能も、立法については国会議員の院によって、行政については元老院によって制限を受けるであろう。しかし政体の原理である平等を維持するためには、貴族を除いて一切世襲であってはならないのである。もし王権が世襲制であったら、均衡を保つためにイギリスにおけるように、上院議員職あるいは元老院議員階級もそうならなければならぬことになろう。すると地位の下がった騎士階級はその権力を失い、国会議員の院はイギリス下院のようには毎年国庫を開け閉めする力を持たなくなり、ポーランドの政体はことごとく覆されることになってしまうであろう。

〔九〕 無政府状態の特別の原因

そのすべての部分にわたってこのようによく釣合いのとれ、よく均衡の保たれた国会は、善き立法、そして善き統治の源となるであろう。しかしそのためには、その命令が尊重され守られねばならない。法律の軽視と、ポーランドがこれまでそのなかで生きてきた無政府状態には、見やすい原因がある。私はすでに、先にその主要なものを述べ、その矯正策を示した。相互に作用し合う他の諸原因は、(一)、「自由拒否権」、(二)、諸州連合、(三)、そして個人に委ねられた兵士を召し抱える権利の濫用である。

この最後の濫用ははなはだしいので、それを取り除くことから始めないと他のすべての改革は無駄になる。個人が行政権力に抵抗する力があるかぎり、彼らはそうする権利があると考えるであろうし、彼らのあいだに小さな戦争があるかぎり国家が平和になるなどとどうして望めよう(七八)。要塞に衛兵が必要なのは私も認めよう。しかしなぜ要塞はたんに市民に対してだけ強固で、敵に対しては弱体でなければならないのか。私はこの改革が困難を伴うことを恐れはする。しかしながら、それを打ち破ることが不可能だとは思わないし、力ある市民がいささかでも理性をそなえていれば、他のだれも兵を持たないとなったら、彼ももはや自分の兵を持たないことに容易に同意するであろう。

軍の組織についてはこのあと語るつもりである。だから、ここで述べるべきかもしれないことも、その条項にまわすことにする。

「自由拒否権」は、それ自体間違った権利ではない。しかしその限度を越えるやただちに、弊害のなかでももっとも危険なものとなる。それは公共の自由を保障するものであった。いまはもう抑圧の道具にすぎない。この忌まわしい弊害を除去するには、その原因を完全に破壊すること以外にない。

しかし、より大きくより一般的な利点よりも、個人の特権に執着しようとすることは、人間の心にる見られる。輝かしくはあるが濫用によって有害なものとなった権利、そして、以後この濫用がそこから切っても切り離せなくなるような権利を、より大きな善のために犠牲にすることを教えることができるのは、経験によって啓かれた祖国愛しかないのである。この有害な権利がポーランド人にこうむらせた害悪を全ポーランド人が痛切に感じなければならない。彼らが秩序と平和を愛していても、この権利を存続させているかぎりは、そのどちらも確立する方策はないのである。政治体の形成においては、あるいは、政治体が完璧な場合にはいいこの権利も、なすべき改革が残っているかぎりは、ばかげた有害なものであり、しかもそうした改革がいつも残っているわけではないなどということは、とりわけ強力で野心に満ちた隣接諸国に囲まれた広大な国家にあっては、ありえないことなのだからである。

「自由拒否権」は、それが政体の基本点にのみ及ぶのであればその不条理さは緩和されもしようが、しかし国会の全議決にわたって遍く用いられるとしたら、いかにしても認めがたいものとなる。立法権と行政権がそこで十分区別されず、立法権力を行使する国会がそこに行政部分をかかり合わせ主権と統治の行為を一様にとり行なって、そのためその構成員がしばしば同時に為政者で立法者となるような混合的行為さえなすことは、ポーランドの政体における一欠陥なのである。

提起された諸変更は、この二つの権力をよりよく区別すること、そしてそのことによって「自由拒否権」の限界をよりよくさし示すことまでもめざすものである。というのも、それを純粋に行政的な事案にまで拡大しようという考えがだれかの頭にかつて思い浮かんだとは私は思わないし、そんなことになれば、政治的権威と、およそ統治というものすべてを無に帰すことになるであろうからである。

社会の自然の権利からして、（七九）政治体の形成のためには、そしてまたその存在に密接な基本法（八〇）――たとえば一七六八年の仮国会において示された修正第一条、それから第五条、第九条および第十一条のような――のためには、満場一致が要求されてきた。さて、これらの法律の制定に要求される満場一致は、その廃止にも同じく求められねばならない。かくしてこれが、「自由拒否権」が存続する可能性の根拠となる点なのである。そしてそれを完全に破壊し尽くすことが問題でない以上、一七六八年の不法な国会でこの権利が制約を受けるのを大した不平も漏らさず見過ごしたポーランド人は、より自由でより合法的な国会においてそれが切りつめられ制限されるのを眼のあたりにしても、心を痛めるわけにはいかないであろう。

基本法として制定されるであろう主要点をしっかり考量吟味しなければならない。そして「自由拒否権」の効力は、ただこれら諸点にのみ及ぼされるであろう。このようにして、政体は堅固になり、それらの法律はあたうるかぎり取り消し不可能なものとなるであろう。というのも、政治体が自身廃することのできない法律をみずからに課すことはそもそも政治体の本性に反するからである。しかし、政治体がそれらの法律を制定したさいに採用したのと同じ正規の手続きによるのでなければ廃することができないということは、自然にも理性にも反しない。これが、将来にそなえて政治体がみずからに課しうる一連のもののすべてである。（八一）政体を強固にするには、そしてポーランド人の「自由拒否権」への愛を満足させながら、それが生みだした悪弊へと落ちこむ危険を避けるためには、それで十分である。

滑稽にも基本法の内に数えあげられながら、実は、国家事項の項目のもとに並べられているすべての項目と同様たんに法律体を構成しているにすぎないあの多くの条項に関して言えば、それらは、事態の推移に伴って免れがたい変化を受けやすいものであって、だから満場一致というわけにはいかないものなのである。どんな場合であっても、国会の一構成員が国会の活動を停止できるということ、そして一人あるいは多数の国会議員の退場または抗議が議会を解散に追いこみ、こうして主権を破砕しうるということは、やはりばかげたことである。こんな野蛮な権利は廃止し、それを利用しようという誘惑にかられた者にはだれにでも極刑を科さねばならない。国会に対し抗議するような場合が万一あるとしたら——それが自由で完璧なものであるかぎりありえないことであるが——その権利がゆだねられるのは諸州と諸州議会で、けっして国会議員ではないのであって、彼らは国会の構成員として、国会に対しいかほどの権威も振るうべきではなく、その決定に異議を唱えるべきでもないのである。

主権の構成員が持ちうる最大の個人的な力であり、真に基本的な法律に対してのみ行使されるべき「拒否権」と、最小の力でたんに行政上の事案にかかわる最大多数のあいだには票数の割合に差異が存在し、事案の重要度に応じて投票の優勢を決定することができるのである。たとえば立法が問題なら少なくとも四分の三の賛成票を、国家事項には三分の二、選挙とその他日常の一時的な事案に対してはただ最大多数を要求できるといったぐあいである。これは私の考えを説明するための一例にすぎず、私の決める票数の割合というわけではない。(八二)

住民がまだ大きな活力を持っているポーランドのような国においては、「自由拒否権」というこの結構な権利を行使するのを危険なことにしておきさえしたら、そしてそれを利用した者に重大な結果が生じるようにしておきさえしたなら、たぶんその権利を大した危険もなくそっくり保存できていたであろう。というのも、私は思いきって言うが、国会の活動を妨げ国家を活気のない状態にする者が、彼のひき起こした公共の悲嘆を心安らかになんの科《とが》も受けることなく楽しむために自分の家に戻るなどということは、常軌を逸したことだからである。

そこで、ほとんど満場が一致した決定についても、たった一人の反対者がそれを無効にする権利を保持するというなら、ローマ民会の後世版たる州議会で彼の選挙人に対してのみそうするのではなく、そのあとで彼がその不幸の張本人たる民族全体に対しても、反対の責任を彼の首にかけて引き受けてほしいものである。反対から六か月後、そのためにだけ設けられた特別法廷で彼が公式に裁かれるよう法で定めてほしいものだ。その法廷は、民族のなかでもっとも賢明でもっとも誉れ高く、もっとも尊敬されている人物すべてで構成され、たんに彼を無罪放免できないばかりかいかなる特赦も認めず、彼に死罪を申し渡すか、さもなくば褒賞を授け一生涯公の敬意を表するか、どちらかをしなければならず、この二つの選択のあいだでいかなる妥協策もけっしてとりえないような法廷なのである。

揺るぎない勇気と自由への愛にとってかくも好ましいこの種の機関は、現代の精神からはあまりにかけ離れたものなので、それが採用されることも試みられることも期待できないのであるが、しかしそれが古代人に知られていなかったわけではないのである。そして、古代の制度創設者たちが人々の魂を高め、必要なら真に英雄的な情熱で燃え立たせる術を心得ていたというのも、それによってなのである。いっそう厳格な法律が支配する共和国においては、祖国の危機にさいして勇敢な市民が祖国を救いうる意見を真先に述べようとして、身命を投げうつのが見られた。同じ危険がつきまとう「拒否権」は、場合によっては国家を救うことができるのであり、その時それは、それほど恐れるには足らないものとなるであろう。

ここであえて連合について語り、学者たちの見解に異を唱えたものかどうか。(八四) 彼らは連合のもたらす悪しか見ていない。それが妨げている悪もまた見なければなるまい。むろん、連合は共和国における一つの激烈な状態である。しかし、激烈な矯正策を必要とする極端な害悪は存在するものだ。ポーランドにおける連合は、かつてローマ人のあいだで独裁執政権《ディクタテユール》がそうであったところのものである。両者とも差し迫った危険にさいして法律を沈黙させるものだが、しかしローマの立法と統治の精神に直接対立する独裁執政権は統治を破壊して終焉したのに対し、反対に、揺らいだ政体を大いなる努力でふたたび強固にし再建する一手段に他ならない連合は、国家の緩んだバネを、けっしてそれを破砕することなく巻き戻し、強力にしうるという大きな違いがあるのである。たぶんその起源には偶然の一因があったこの連邦形態は、政治の一傑作のように私には思われる。自由が支配するところではどこでも、自由はたえず攻撃され、きわめてしばしば危険に瀕する。大きな危機が予測されたことのない自由な国家はどれも、嵐に遭うたびに滅亡の危険にあるのである。こうした危険それ自体から政体を維持する新たな手段をひきだす術を心得ていたのは、ポーランド人を措いては他にない。連合がなかったなら、ポーランド共和国はとうのむかしに存在しなくなっていたであろう。そしてもしそれを廃する決定をすれば、その後長く共和国が続くか、大いに疑わしいのである。最近起こったばかりのことに眼を向けるがよい。連合がなく、国家は隷属させられていた。自由は永遠に息の根をとめられていた。共和国を救ったばかりの方策を諸君は共和国から取り除きたいと言うのであろうか。それに「自由拒否権」が廃止され、最大多数がふたたび確立されたときには、まるで連合の利点の一切がこの最大多数の内にあるかのように連合が無益なものになるだろうと考えてはならない。それは同じものではないのだ。連合に付随した行政権力は、火急の必要にさいしてはかならず連合にある活力、ある行動性、ある迅速さを与えることになろうが、より緩慢に歩を進めざるをえない、またいっそう多くの手続きを必要とする、そしてたった一つの不正な動きでかならず政体を覆すことになる国会は、そうしたものを持ちえないのである。

いいや、連合はこの政体の守りの楯、聖域、神殿なのだ。連合が存続するかぎり、政体が破壊されることは不可能だと私には思われる。それを残さねばならない。しかし、それを調整はしなければならない。もしすべての悪弊が除去されるというなら、連合はほとんど無益なものとなるであろう。諸君の統治の改革は、そうした目的の実現を計らねばならない。連合に訴えることが必要になるのは、もはや暴力的な侵略の場合を措いては他にないであろう。だが、こうした侵略も物事の秩序に従うのであって、それを予見しなければならないのだ。したがって連合を廃止する代わりに、それが合法的に行なわれうる場合を決定するがよい。次いで、その形成も活動も妨げずにできるだけ合法的な認可を与えるために、その形態と効果とをよく調整するがよい。唯一の出来事によって全ポーランドがいますぐ連合しなければならない場合さえ存在するのだ。たとえば口実は何にせよ、また公然と戦端が開かれた場合は別にして、外国の軍隊が国家に足を踏み入れた場合のようにである。というのも結局、外国軍の入場の理由は何であれ、またたとえ政府自身がそれに同意を与えていたとしても、自国での連合は他国では敵対にはならないからである。それがどんな障害によるのであっても、国会が法で規定されたときに集まるのを妨げられた場合、まただれの煽動によるのであれ国会の開会時に開会場所へ兵士が配置された場合、あるいはその形態が変えられ、あるいはその活動が中断され、あるいはその自由がいかなる方法によるにせよ阻害される場合。これらすべての場合に、総連合がその事実一つによって存在しなければならない。議会ならびに個人の署名はその枝葉にすぎない。そして議長（八五）はすべて、第一等位に任命された者に従属させられねばならないのである。

〔一〇〕　行政

そのための知識も眼識も等しく私には欠けている行政の細部には立ちいらずに、ただ行政と戦争の二つの部門について、若干の考えの披瀝をあえて試みてみよう。感心されることはないであろうとほとんど確信してはいても、それがいいものだと信じている以上、私は述べねばならないのである。しかしまずはじめに、司法行政に関して、ポーランド統治の精神とそれほど隔たらない考察を一つすることにしよう。

軍人と法官の二つの身分は、古代人には知られていなかった。市民は職業によって兵士や判事、聖職者になることはなかったのである。彼らは義務によってすべてになったのであった。これがすべてを共同の目的に赴かせ、身分の精神が祖国愛を犠牲にして体に根を下ろすことを防ぎ、屁理屈の七頭蛇《イードル》が民族を食い尽くすのをとどめる真の秘訣である。判事の職は、世俗裁判所でも最上級裁判所

(八六)でも、試験的な一時的身分でなければならず、民族はそれにもとづいて一市民の長所と誠実さを評価し、彼がそれをにないうるとわかったより高い地位へ、次に彼を押し上げるのである。お互い同士眺めあうこうしたやり方は判事をきわめて注意深くし、あらゆる非難から身をかわすように仕向け、その地位が彼らに要求するすべての注意力とあらゆる廉直さを、おしなべて彼らに与えるばかりである。このようにして、ローマの盛時には司法長官職《プレテュール》を経て執政官職《コンスュラ》にいたるのがつねだった。ほんのわずかの明瞭で単純な法律を持ち、判事すらもほんのわずかしかおらず、法律を解釈し必要に応じて公正さと良識の自然の光でもって法律を補う権力を判事に残すことによって、司法行政が正しく取り行なわれる手段は、これなのである。この点についてイギリス人が採用している予防措置ほど児戯に類することはない。恣意的判決を除去するために彼らは無数の不正な、常軌を逸してさえいる判決に従ってきたのだ。雲霞のごとき法律家の群れが彼らを貪り食い、いつ果てるとも知れぬ訴訟が彼らを焼き尽くしている。そしてすべてに備えようという気違いじみた考えを抱いて、彼らは自分たちの法律を巨大な迷宮と化し、そこでは記憶力も理性もともに道を見失っているのである。

　三つの法典をつくらなければならない。一つは政治、もう一つは民事、そして残る一つは刑事である。三つともすべてできる限り簡にして明、かつ的確なこと。これらの法典は、たんに大学においてだけでなく、またあらゆる学院でも教えられるであろう。そして、その他の法体系は必要ではないのである。自然法のすべての規則は、ユスティニアヌス(八七)のあらゆる雑駁な集積のなか以上によく人々の心のなかに刻まれている。ただ彼らを正直で徳高くするがよい。そうすれば彼らは十分法を身につけることを、私は請け合おう。しかし全市民、なかんずく公人は、自分たちの国の実定法と、それにもとづいて自分たちが統治される特別の規定とに通暁していなければならない。彼らはそれを、彼らが学ばねばならない法典の内に見出すであろう。そしてすべての貴族は、州議会への加入の道を開くはずの任官登録簿に記載される前に、それらの法典に関して、そして特に第一の法典に関して、たんなる形式上の手続きではない試験を受けねばならず、そしてその試練にもとづいて、もし彼らが十分に通じていないようであれば、より通暁するまで後回しにされることになるであろう。ローマ法および習慣法に関しては、もしそれが存在するならそのすべてが学校と法廷から除去されなければならない。そこでは国家の法律以外の他の権威を認めてはならないのである。国家の法律は、訴訟の源を涸らすために、あらゆる州で一様でなければならない。そしてそこで解決されない問題は、判事の良識と公正さによって解決されるべきである。司法官職がそれを務める人々にとってより高い地位に上るための試験的な一身分にすぎない場合には、この権限は恐れられるような弊害をそれ自身の内に生むことはないであろうということ、あるいはたとえこうした弊害があらわれても、あのしばしば相矛盾していて、その数が訴訟をいつ果てるとも知れないものにしている、そしてまたその抵触が同様に判決を恣意的なものとしている、例の無数の法律の生む弊害に比べれば、この弊害はかならず小さいものとなるであろうということを考えてみるがよい。

私がここで裁判官について述べていることは、弁護士についてはなおさら了解されなければならない。それ自体あれほど尊敬されるべきこの身分は、それが一つの職業となるやたちまち品位を下げ、卑しむべきものとなってしまう。弁護士はその顧客の第一の判定者でなければならず、しかももっとも厳しいそれでなければならない。その職は、ローマでそうであったように、またいまだにジュネーヴでそうであるように、司法官職にいたる第一歩でなければならない。そして、事実ジュネーヴでは弁護士は大変尊敬されており、またそうされるに値するのである。それは評議会《コンセイユ》（八八）の候補者であって、公衆の不同意を招くようなことは何一つなさないように、とても気をつけている人たちなのだ。だれも自分の職にとどまろうと手筈を整えたりせず、それをカネのもうかる職にしたりしないで、しかも人々の判断を越えたところにみずからを置かないためには、すべての公職がこのようにある職から他の職へと導くようであってほしいものである。この方法は、こうして名誉あるものとなった、そして一時的なものとなった弁護士身分を富裕な市民の子弟に経させたいという願いを完全に満たすことであろう。私はこの考えを、すぐあとでいっそうよく展開してみることにしよう。

ついでながら私はここで、一つ頭に浮かんだことがあるので、騎士階級において代表相続人の補充指定と貴族の世襲財産をつくることは、この階級における平等の体系に反することであると言っておかなければならない（八九）。大諸侯とただの貴族のあいだのあまりの隔たりをつくりだす財産と権力の大いなる不平等——しかも自然の歩みはつねにそれを増大させる傾向を持つ——を小さくすることを、立法はつねにめざさねばならない。一貴族が州議会に認められるために所有しなければならない土地の大きさがきめられる金銭賦課租に関しては、そこに良い点も悪い点も認められるし、その諸結果を比較するほど十分には国柄を知らないので、私はあえてこの問題に完全に決着をつけることはしない。むろんある州で投票権を持つ市民が、そこにいくばくかの土地を所有することは望ましいことであろう。しかし、その大きさを定めることを私はあまり好まない。所有地を大したものだと考えるなら、それでは一体人間をまったく取るに足らぬものと考えねばならないのであろうか。何ということだ！

ある貴族が土地をほとんどないしはまったく持っていないからといって、そのために自由で高貴であるのをやめるのか。そして、彼が貧困であるというだけで市民の権利を失わせるほど重大な罪になるとでも言うのであろうか。

なおまた、いかなる法もそれが失効状態に陥るのをけっして黙認してはならない。それがたとえどうでもよいものであっても、悪法であってさえ、明白に廃止するか効力ある状態に保つかの、どちらかでなければならないのである。この格律――それは基本的なものであるが――があれば、古くからのすべての法律を再吟味し、その多くを廃止し、保持したいものにはもっとも厳格な認可を与えざるをえなくなろう。多くのことに眼をつむることが、フランスでは国家的格律とみなされている。専制がいつも強いて導くのはそこなのだ。だが自由な統治においては、それは立法を無力にし政体を揺るがす手段となるのである。ほんのわずかの、しかしよく理解され、別してよく遵守される法律。禁止されない弊害はすべてまだ大したことはない。しかし自由な国家で法律の名を口にする者は、その前でおよそ市民たるものはだれでも、また王なら真先にそれを前にして震えを起こすようなあることを口にしていることになるのである。一言で言えば、法律の活力を殺ぐくらいならむしろすべてを許すがよい。というのもひとたび法律の活力が衰えれば国家は万策尽きて破滅するからである。

〔一二〕 経済システム

ポーランドが採用すべき経済システムの選択はひとえに、その政体を正す過程でポーランドがみずからに提起する目的にかかっている。もし諸君が、騒々しく輝かしく、恐れられるようになることだけを、そしてまたヨーロッパの他の諸国民に影響力を持つことだけを望むのなら、諸君にはその手本があるのだし、それをまねようと努めればよい。学問、芸術、通商、産業を修養練磨し、正規軍、要塞、アカデミーを擁し、ことに善き財政制度を持つがよい。するとそれは金銭をよく流通させ、それによって金銭をふやし、諸君にたくさん稼がせてくれるわけだ。国民を著しい依存状態に保つために、金銭を大いに必要なものとするよう努めるがよい。そしてそのためには、物質的奢侈ならびにそれと不可分の精神の奢侈を醸成するがよい。このようにして諸君は、他国民同様、陰謀家で熱烈、強欲で野心家、卑屈でぺてん師の国民、そして貧困か奢侈、放縦か隷属の両極端のどちらかしかなく、いかなる中間もけっして持たないような国民をつくりあげるであろう。だが諸君はヨーロッパの列強の内に数えられ、全政治組織に仲間入りするであろうし、すべての交渉で諸君の同盟が求められ、条約で関係ができあがることになるであろう。ヨーロッパには諸君が頭を突っ込む名誉を持たないような戦争は一つとして起こらないであろう。もし運がついてまわったら、諸君は昔の領土を回復し、たぶん新たな領土を征服し、次いでピロス(九〇)あるいはロシア人のように、ということは子供のようにということだが、次のように言うことができるだろう。「全世界が俺のものになったら、俺はたくさん砂糖が食べられるだろう」と。

しかしもしたまたま諸君が自由で平和で賢明な、だれも恐れずだれも必要としない、自分だけで充足した幸福な民族を形成したほうがいいと思うなら、そのときはまったく異なる方法をとらねばならない。素朴な習俗、健全な趣味、野心抜きの雄々しい精神を諸君のところに維持再建すること。勇敢で私利私欲を離れた魂を形成すること。諸君の国民を農業と、生活に必要な技芸に向けること。金銭を軽蔑すべきものとし、もし金銭が役に立たないものとなりうるとすれば、大事業を行なうためにより強力でより確かな手段を探し、見出すこと(九一)である。こうした道に従えば、諸君の饗宴、交渉、武勲の噂を新聞に満載するわけにはまいらないであろうし、哲学者《フィロゾフ》たちがおべっかを使うこともないだろう。詩人は諸君を歌いあげはしないだろうし、ヨーロッパで諸君が話題に上がることもほとんどないであろう。それは私も認めよう。たぶん人は、諸君を軽蔑するふりさえするだろう。しかし、諸君は本当の豊かさの内に、また正義の内に、自由の内に生きるであろう。喧嘩を売られることもないであろう。そういう素振りは見せなくても、人は諸君を恐れるであろう。そして、私は請け合ってもよいが、ロシア人も他の連中も、もう諸君のところに主人面をしにやっては来ないだろうし、もし彼らにとっては不幸なことに、やって来たとしても、彼らははるかに急いで退却するであろう。わけても、この二つの計画を結び合わそうと試みてはならない。それらはあまりに矛盾したものだし、折衷した一つの歩みで二つに行き着こうとすれば、二つとも逃がしてしまうことになる。だから選ぶがいい。そしてもし第一の方策のほうを好むなら、私の提案を読むのはここでやめにするがよい。というのも、私がまだ提起しなければならない事柄のうちで第二の方策以外にかかわりを持つものはもはや何一つないからである。

　私に伝えられた書類のなかには、(九二)すぐれた経済上の見解もむろんいくつかある。そのなかで私の眼につく欠陥は、繁栄よりは富裕により好意的だということである。新たに何かをつくった場合、その直接の結果を見ることで満足してはならない。遠く離れてはいるが、しかし必然的な結果も見越しておかねばならないのだ。たとえば、領主の封土《スタロスティ》の売却とその産物の使用方法に関する計画(九三)は私には当を得たものと思われるし、すべてを金銭で処理しようとする全ヨーロッパに確立しているシステムのなかでは、実行が容易なものと思われる。だが、このシステムはそれ自体よいものだろうか。そしてその目的によく沿うものだろうか。金銭は戦争の原動力というのは確かなことなのか。富める国民はいつも貧しい国民に敗れ征服されてきたのだ。金銭は善き政府のバネというのは確かなことなのか。財政のシステムは現代のものである。私はそこから立派なことも偉大なことも何一つ生まれるのを見ていない。古代の政府はこの財政という言葉さえ知らなかった。しかも人間を用いて彼らがなしとげたことは、驚くべきほどなのである。金銭はせいぜい人間を補うものにすぎないし、補うものが事物をもたらすことはけっしてないだろう。ポーランド人よ。そんなカネはみんな他の連中に任せておくがよい。あるいは、彼らが諸君に払わねばならない分だけで満足しておくがよい。なぜなら、彼らは諸君が彼らの黄金を必要とする以上に諸君の麦を必要としているのだから。私の言うことを信じるがよい。豪勢な暮らしをするより、豊かな生活を送るほうがよいのだ。金銭がありあまるよりもっとよい状態になれ。豊かであれ。諸君の田畑を他のことは気にかけずにしっかり耕すがよい。やがて黄金を、そしてまた諸君の欠いている油と葡萄酒を手に入れるのに必要とする以上のものを刈り取ることになるであろう。というのは、それを別にすればポーランドはすべてのものに恵まれており、あるいは恵まれることができるからである。諸君が幸福かつ自由であり続けるために必要とするものは頭と心、それに腕なのだ。国家の力と国民の繁栄をつくるものは、まさしくそれなのである。財政のシステムは金銭ずくの人間をつくりだすものであって、儲けることしか望まなくなるや人は正直な人間であるよりはぺてん師となってかならずより多く儲けるものである。カネの使用は正道を踏みはずし、また秘密にされる。あることに予定されながら別のことに用いられる。それを取り扱う者はやがてそれを横領することを覚える。そして彼らに与えられる監督者はみな彼らとともに利益を折半するぺてん師以外の何になるというのであろう。公の、だれの眼にも明らかな富しかないのであったら、カネの動きがはっきりした跡を残し隠されることがありえないのであったら、奉仕、勇気、忠誠、美徳を買うのにこれほど便利な手段はないであろう。しかしひそかな流通がある以上、それは盗人、裏切者を産みだし、公共善と自由を競売にかけるのにいっそう手頃なものなのである。一言で言えば、金銭は、国家という機械をその目的に向かって歩ませるのに私の知るかぎりもっとも弱体な、もっとも空しい手段であり、また同時にそれをその目的から逸脱させるのにもっとも有力で、もっとも確かな手段である。

人間を動かすには利害によるしかない。それは私も承知の上だ。しかし、金銭上の利害はすべての内でもっとも悪く、もっとも卑しく、堕落にもっとも適したものであり、私はそのことを確信をもって繰り返し、またつねに主張するであろうが、人間の心をよく知る者の眼にはもっとも取るに足らない、もっとも弱いものなのである。すべての心のなかには、生まれながらに偉大な情熱が貯えられている。金銭に対するそれしかもはやそこに残っていないとすれば、それは刺激し発達させなければならなかった他のすべての情熱を弱らせ、押し殺してしまったからだ。守銭奴は、彼を支配する情熱を厳密には持っていない。彼が金銭を渇望するのは、彼の心に起こりうる情熱を満足させるために先見の明をもってそうしているにすぎない。こんな方策を用いずにそれらを醸成し、直接満足させることのできるようになるがよい。そんな方策は、すぐにその一切の価値を失うであろう。

公共の出費は不可避である。私はやはりそれに同意する。金銭以外の他のすべてのものを用いてそれを行なうがよい。今日でもなおスイスでは、役人や法官やその他の公共の雇い人に対して、諸産物で支払いが行なわれるのが見られる。彼らは十分の一税、葡萄酒、材木、役に立つ諸権利、名誉上の諸権利を手にする。あらゆる公共の業務は賦役労働によってなされ、国家はほとんど何も現金では支払わないのである。軍隊の支払いにはそれが必要だと人は言うであろう。この条項はすぐのちに扱われるべき場所を得よう。こうした支払い方法には、不都合がないわけではない。無駄や浪費がある。この種の財産の管理はより厄介なものである。とりわけそれを担当する人には気に入らない。なぜなら、彼らには自分の利益にできるものがそれほど見つからないからだ。こうしたことはすべてそのとおりである。だがこんな弊害は、それが省く無数の弊害にくらべたらなんとささいなことか！　ある男がたとえ横領しようという気を起こしても、彼はそれを少なくとも発覚せずにすることはできないであろう。ベルン州の大法官《バイイフ》をあげて反論されるかもしれない。(九四)しかし彼らの権利の濫用はどこから来るのであろうか。彼らが課す罰金からなのだ。この恣意的な罰金はそれ自体すでに大きな弊害である。しかしながら彼らがそれを諸産物によってしか要求できないとすれば、ほとんど何でもないことになろう。彼らが強奪するカネは容易に隠されるが、倉庫を隠すわけにはいかないのである。ベルン州だけでスイスの他のすべての州の十倍の金銭が取り扱われている。したがってその行政はそれに比例して不正なものなのである。国中を、政府のなかすべてを、そしてこの地上すべてを探してみるがよい。金銭がかかわりを持たない道徳上政治上の大悪は一つとして見出されないであろう。

スイスで支配的な財産の平等は行政における節約を容易にするのに対して、ポーランドに存在する多くの有力な家系と大諸侯はその生計のために巨額の出費を必要とするので、それにそなえるために金銭が必要なのだ、そう人は私に言うかもしれない。そんなことはまったくない。これら大諸侯は世襲財産によって富んでいるのであって、彼らの支出は奢侈が国家において名誉あるものでなくなると き、より少なくなるはずである。しかも彼らの世襲財産は、同じ比率に従うはずのより劣る財産から支出によって以前に劣らず区別されるであろう。彼らの奉仕を権勢と栄職、高い地位によって支払うがよい。地位の不平等は、ポーランドにあっては貴族の持つ有利な地歩によって埋め合わされており、その有利な地歩が地位に就く人々を利得よりは栄職にいっそう執着させているのである。共和国はこれらの純粋に名誉上の報償に段階をつけ、適切に配分することによって、一つの宝庫を無駄にしないようにしているのであり、そしてそれが、共和国を破滅から救い、市民に代えて共和国に英雄を与えることとなるであろう。この栄職の宝庫は、名誉を持つ国民のもとでは涸れることのない源である。そしてポーランドがこの源をくみ尽くす希望を持てればよいのだが！　ああ、美徳にとってはみずからの内にもはや区別を見出せない民族はなんと仕合せなことであろうか！

美徳にふさわしくないという欠点に加えて金銭による褒賞には次のような欠点がある。すなわち、十分に公ではないということ、たえず眼と心に語りかけることがないということ、授与されるとすぐ見えなくなるということ、そしてそれに伴うべき名誉を永続させることによって競争心を鼓舞するような、眼に見えるいかなる跡も残さない、という欠点である。あらゆる等級、あらゆる職、あらゆる名誉上の褒賞が外的な印によって示されること、地位にある人は顔を知られずに歩くことはけっして許されないこと、彼の地位、彼の任官の印がどこにでもついてまわることを私は望みたい。それは国民がつねに彼を尊敬するようになるためであり、彼自身いつも自分を尊敬するためであるし、こうして彼がたえず豪奢を抑えることができるようになるためである。ただ富裕であるにすぎない金持ちが貧しくても肩書きのある市民にたえず目立たなくされ、祖国では尊敬も承認も見出さなくなるためである。彼がそこで輝かしくなるには、祖国に尽くさざるをえず、野心によって廉潔とならねばならず、ただ公衆の称賛だけがそこに導き非難はかならずそこから免職させてしまうところの地位を、その富にもかかわらず渇望せざるをえないようにするためなのである。これが富の力を殺ぐやり方であって、カネで身を売らない人間をつくる方法なのである。私がこの点を大いに強調するのも、諸君の隣国、わけてもロシア人が、諸君のうちの高位にある人々を買収するためには何ものも惜しまないであろうということを、そしてまた諸君の政府の大切な仕事は、彼らを買収されることのない人間にするべく努めることであるということを、つゆ疑わないからなのである。

人がもし私に、君はポーランドをカプチン会修道士の国民にしたいと思っているのだと言ったら、私はまずもって、それこそフランス式の議論に他ならない、そして、冗談を言うことは思考することではないと答えよう。私はまた、私の意図と理性を越えたところまで私の格律を誇張すべきではないと答えよう。私の意図するところは、現金の流通を廃止することではなくただそれを緩やかなものにすることであり、なかんずく、いい経済システムは現金と金銭のシステムではないということがどれほど肝腎なことかを証明することである、と答えよう。スパルタにおいて金銭上の貪欲を根絶するためにリュクルゴス(九五)は貨幣をなくすことはせず、鉄のそれをつくったのであった。私としては、銀も金も放逐するつもりはなく、それを持たない人が、貧乏ではあっても赤貧洗うがごとしではないようにしようというのである。実際、金銭は富ではない。その表徴にすぎないのである。ふやすべきものは表徴ではなく、表徴されるもののほうなのだ。旅行者たちの作り話に反して私は、イギリス人が黄金に囲まれながらその委細を見れば、他の諸国民に劣らず貧乏なのを見たのだった。(九六)それに結局十ギニー(九七)の代わりに百ギニー持っていたところで、その百ギニーが私にもっと楽な生計をもたらさないなら、どうしようもないではないか。金銭上の富は相対的なものにすぎず、多くの原因で変化しうる関係に従って、同じ額で順次富裕にも貧困にもなりうるのである。しかし現物の財産があればそういうことはない。というのも、直接人間の役に立つものであるから、それは商業行為に依存しない絶対的な価値をつねに持つからである。イギリス国民が他国民より富んでいることを私は認めるとしよう。しかしだからと言ってロンドンの商業市民《ブルジョワ》がパリの商業市民《ブルジョワ》より安楽な生活を送っているということにはならないのである。国民と国民のあいだでは金銭を余計持つほうが有利ではある。しかしそんなことは個人の運命にはどうでもいいことなのだし、一民族の繁栄はそんなところにはないのである。

　農業と役に立つ技芸を奨励するがよい。耕作者を富裕にすることによってではなく――そんなことをすれば彼らに自分たちの身分を捨てるようにそそのかすだけだろう――その身分を彼らにとって名誉ある心地よいものとすることによってである。緊急に必要な工場を建設するがよい。諸君の麦と人間とを、他のことは気にせずたえず増産するがよい。独占が進むおかげでヨーロッパの他の地域には不足することになる諸君の土地の産物の剰余は、必然的に必要以上の金銭を諸君にもたらすだろう。必要にして確実なこの産物以上のものを諸君が持ちたいと願うかぎり、諸君は貧困になるだろう。それなしですます術を心得るや、諸君は富裕になるであろう。これが、諸君の経済システムにおいて支配的なものにさせたいと私が願う精神なのである。外国のことはほとんど考えないこと。通商のことはほとんど気にかけないこと。そうではなく、産物と消費者をできるだけ諸君のところでふやすこと。自由で正しい統治の必至の自然の結果は、人口である（九八）。そこで、諸君の統治を完全なものにすればするほど、たとえそう思わなくても国民をふやすことになるであろう。こうして、諸君には乞食も百万長者もいなくなるだろう。奢侈と赤貧は二つながら知らず知らずのうちに消え失せるだろうし、豪奢とそして貧困に付随した悪徳が与える浮薄な趣味から立ち直った市民は、祖国に立派に奉仕しようと意を用い、そうすることを彼らの栄光と考え、自分たちの義務の内に自分たちの幸福を見出すことになるであろう。

財布にでなくつねに人間の腕に課税してほしいものである。道路、橋、公共の建物、統治者と国家の仕事は、カネを払ってではなく賦役労働によってなされたいものである。この種の課税は、実際もっともカネのかからないものであり、ことにもっとも悪用されにくいものである。というのも、カネはそれを払う人の手から離れると消え失せるものであるが、しかし人間が何に使われているかは各人にわかり、人に負担を負わせすぎてまったく無駄になるということはありえないからである。奢侈と通商と芸術の支配するところでは、この方法は実行不可能なことは私も承知している。しかし、素朴で良俗を有する国民のあいだではこの方法ほど容易なものはなく、良俗を良俗として保つのにこれほど有益なものもまたとないのである。これがそれを選ぶもう一つの理由である。

そこで私は領主の封土《スタロスティ》に戻る。そして国庫の利益のためにその産物を有利に使う目的でそれらを売り払うという計画は、経済上の目的に関してはよいものだし、当を得たものであることに、私はもう一度同意するのではあるが、しかし政治的、道徳的な目的に関しては、この計画は私の趣味にあまり沿っているとは言いがたいので、もし領主の封土がすでに売却されてしまったのであればそれを買い戻して、祖国に尽くす人間やあるいは祖国の名に立派に値した人間の報酬、褒賞用の土地にしてほしいものだと、私は思うのである。一言で言えば、できることなら国庫金などなくしてしまい、国庫が現金による支払いさえ認めないようであってほしいのだ。このことは厳密には無理なことだと私は感じている。しかし統治の精神はそれを可能にする方向につねに向かわねばならないのであって、問題の売却ほどこの精神に反するものはないのである。共和国はなるほどそれによっていっそう富むであろう。それは確かだ。だが、共和国のバネはそれに比例していっそう弱まることになるであろう。

公共の財産すべてが現物となり、金銭によるものでなくなったとき、それらの財産の管理はいっそう難しくなり、なかんずく管理人にとって面白いものでなくなるだろうことは私も認めよう。しかしその場合、この管理とその監督を、より傑出した地位にいたるための良識と細心の注意、そして廉直の試験にするべきなのである。この点に関しては、リヨンで確立されている市政にならいさえすればよいだろう(九九)。そこでは、ある人物が市政を担当するようになるには市立病院の管理者になることから始めねばならず、他の地位にふさわしいかどうかを判断されるのは、その地位の務め方にもとづいてなのである。ローマ軍の財務官《ケストウール》以上に廉直なものはなかった。なぜなら財務官職は高位高官にいたる第一歩だったからである。金銭上の貪欲を誘う可能性のある地位に就いているときは、野心がそれを抑制するようにしなければならない。そこから帰結する最大の利点は、ぺてんを少なくできることではない。そうではなく、無私無欲を名誉あるものとすることであり、貧乏が廉直の産物である場合に、それを尊敬すべきものとすることなのである。

共和国の収入はその支出に等しくない。私はまったくそう思う。市民はもともと少しも払いたがらないのだ。しかし自由でありたいと願う人間は自分の財布の奴隷であってはならないのであって、それに、自由にカネがかからないような、しかも非常に高くつかないような国がどこにあるであろう。人は私にスイスの例をあげるかもしれない。しかし私がすでに述べたように、他の土地ならどこでもそれを他人に務めさせようとして好んでカネを出す職務を、スイスでは市民みずから果たしているのである。彼らは兵士、法官、職人となる。国家の仕事のためなら、彼らは何にでもなる。そしてつねに自分の体を動かすことで支払う用意があるので、さらに財布で払う必要はないのである。ポーランド人が同じようにしようと思えば、スイス以上に金銭を必要とすることはないだろう。しかしこのように大きな国家が小共和国の格律にもとづいて行動することを拒むのなら、その利点を探し求めてはならないし、またその効果を得る手段を投げ棄てておきながらそれを望んではならないのである。もしポーランドが私の願いどおり三十三の小国家の連合であったなら、大君主国の力と小共和国の自由とを併せ持つところであろう。しかしそのためには見せびらかしを放棄しなければなるまい。しかも、この条項がもっとも難しいものではなかと、私は思うのだ。

税を課すあらゆる方法のうちもっとも便利で、もっともカネのかからない方法は、言うまでもなく人頭税である。しかし、それは同時にもっとも強制的でまたもっとも専横なものであり、おそらくそれゆえにモンテスキューはそれを卑しいものだと考えている(一〇〇)。もっとも、それはローマ人が唯一実施したものであって、実際別の名前ではあるが、多くの共和国にいまでも存在するものなのであるが。それを「番人に払う《ペイエ・レ・ギャルド》」と称して、市民《シトワイヤン》と町民《ブルジョワ》だけがこの税を払うのに対し、居住民《アビタン》と出生民《ナティフ》は別の税を払っているジュネーヴのようにである。（一〇一）これはモンテスキューの考えとは正反対なのだ。

しかし何も所有しない人間に課税するのは不正で不条理なことであるから、対物課税のほうがやはり人頭税よりはよいのである。ただ徴収が困難でカネがかかるものやとりわけ密輸入によって誤魔化されたり、無価値なものを産みだしたり、国家を密輸入と悪党でいっぱいにして、市民の正直を堕落させるものは避けねばならない。課税は、不正行為の苦労がそれによって得られる利益より大きなものとなるくらい釣合いのよく取れたものでなければならない。したがって、レースや宝石のようにたやすく隠されるものに対する課税はしないこと。それらを輸入することを禁ずるよりはそれらを身につけるのを禁ずるほうがいいのである。フランスでは、密輸入したいという気持ちをことさらに刺激している。そしてそれを見ると私は、徴税請負人事務所が密輸入者のいることで利益を得ているのではないかと考えたくなるのである。こうしたシステムは憎むべきものであり、およそ良識というものに反している。印紙貼付書類は貧しい者にはとくに重荷となり、通商には邪魔なもので、訴訟沙汰を著しく増大させるので、それが設けられているところではどこでも国民を大いに泣かせる税であるということを、経験は教えてくれる。それを考慮してみようとは、私は勧めないだろう。家畜に対する課税は、不正行為を避けさえすればはるかに良いもののように私には思われる。というのは、およそすべての不正行為は、つねに諸悪の源だからだ。しかしそれは納税義務者にとって、現金で払わねばならないという点で重い負担となる可能性がある。そして、この種の租税収益はその用途からあまりに逸らされやすいものなのだ。

私の見るところ最良の、もっとも自然で、しかも不正行為をひき起こす心配のない税は、土地に対する比例課税であって、なかでもヴォーバン元師とサン＝ピエール師が提案したように（一〇二）、例外なく全土地に課されるそれである。というのも結局、税を払わねばならないのは何かを産みだすものだからである。王侯も世俗も教会も平民もすべての地所が等しく払わねばならない。すなわちその所有者がだれであれ、その広さとその産物に比例してである。この課税は、手間と費用のかかる予備的作業、つまり総検地を必要とするもののように思われよう。しかしこの出費は、税を直接土地に課すのではなく、その産物に課すことによって——そのほうがより公正であろう——きわめてうまく、しかも有利に避けることができるのである。すなわち、適当と判断される比率で、教会の十分の一税のように収穫に対して現物で徴収されるような十分の一税を設定することによってである。そして、小売商と商店の混乱を避けるために、司祭たちがしているように、これらの十分の一税の徴収をカネで請け負わせることにするのである。その結果、個人はその収穫に対してのみ十分の一税を支払う義務を負うことになり、彼らがそうしたほうがいいと思った場合だけ自分の財布からそれを支払う——それも政府が規定した税率にもとづいて支払う——ことになろう。これらの徴税請負人事務所が一つに集まると、それが産みだす産物をはきだすことによって貿易の対象となりうるし、それら産物はグダニスクあるいはリガを経由して外国へ渡ることができよう。それによってまた徴収と直接収税のあらゆる費用が、そして国民にとっては忌まわしく公衆にとっては邪魔なあの雲霞のごとき収税役人や雇人たちが、避けられるであろう。そして、これはもっとも大切な点であるが、共和国は、市民がそれを払う必要なくしてカネを得ることになるであろう。というのも、人頭税とすべての税が耕作者にとって負担となるのはそれがカネでなされるからであって、彼らが支払うにいたるためにはまず売らねばならないからなのだということを、私がどんなに繰り返し述べてもけっして十分とは言えないからである。

〔一二〕 軍事システム

共和国のすべての支出のうちで王軍の維持は最大のものであり、そしてたしかに、その軍が果たす務めはそれにかかる費用と釣合っていない。しかしながら、とすぐ言うだろう、国家を守るには軍隊が必要なのだ、と。その軍隊が事実、国家を守っているのであれば私はそれに同意もしよう。しかし私はこの軍がかつてどんな侵略からも国家を守ったとは思わないし、これからもいままで以上に侵略から守ってくれるとはとても思えないのである。

ポーランドは完璧に訓練を積んだ多くの軍隊をたえず戦闘準備につけている好戦的な列強に囲まれており、それに対してポーランドが同様の軍隊をどんなに頑張って対抗させても、速やかに粉砕されてしまうのがおちだろう。わけても、ポーランドを荒廃させているならず者たちがやがてポーランドを導くであろう嘆かわしい状態のなかでは。そもそもポーランドは好きに振舞わせてはもらえないであろうし、たとえもっとも力強い行政の資源を使って、ポーランドがその軍を立派に戦闘準備につけようとしても、その先を越そうと気を配っている隣接諸国はポーランドが計画を実行に移す前にあっという間にそれを壊滅させるであろう。いいや、もしポーランドが彼らのまねをしようとだけ考える

なら、けっして彼らに抵抗することはないであろう。(一〇三)

ポーランド民族は、隣接諸民族のみならず他のすべてのヨーロッパとも、性格、統治、習俗、言語が異なっている。その軍事体制、戦術、軍紀においても異なってもらいたいものである。ポーランドはつねにポーランドであって、それ以外のものではないというようであってもらいたい。ポーランドが可能性のすべてを手中に収めるのは、そして自分のなかから持ちうるすべてをひきだすのは、そのときだけなのだ。自然のもっとも犯しがたい法は、最強者の法である。この法を免れうるような立法は、そして政体は、一つもない。諸君より強力な隣国の侵略から諸君を守る手段を探すこと、それは幻想を求めることである。征服しようと望み、攻撃力をつけようと望むことは、さらに大きな幻想であろう。そうした力は諸君の統治の形態とは相容れない。自由でありたいと思う者はだれでも征服者になろうとしてはならない。ローマ人は、必要から、そしていわば意に反して、そうなったのだった。戦争は彼らの政体の欠陥に必要な矯正策であった。つねに攻撃を受け、つねに打ち破った彼らは、野蛮人のあいだで唯一訓練された国民であり、つねに自分の身を守ることによって世界の主人となったのであった。諸君の立場はそれとはまったく異なるのだから、諸君を攻撃する人間から身を守ることすらおぼつかないであろう。諸君はけっして攻撃力を持つことはあるまい。諸君は当分防衛力を持つことはないだろう。しかし諸君はやがて維持する力を持つであろうし、あるいはむしろすでに持っていると言ったほうがよい。たとえ征服されてもそれが破壊から諸君を守るであろうし、諸君の統治と、そして自由をその唯一の真の聖域において、すなわちポーランド人の心のなかに維持するであろう。

ヨーロッパのペストであり人口減の現兇である正規軍は、二つの目的にしか役立たない。隣国を攻撃し征服するか、市民を鎖につなぎ隷属させるかである。この二つの目的は諸君にはひとしく無縁なものである。だから、そこにいたる手段を放棄するがよい。国家は防衛者なしには存立するはずがない。それは私も承知している。しかし国家の真の防衛者は、その構成員なのである。およそ市民ならすべて義務によって兵士とならねばならず、だれも職業としてそうなってはならない。これがローマ人の軍事制度であった。これが今日、スイスのそれである。これがあらゆる自由な国家の、なかんずくポーランドのそれでなければならない。みずからを守るのに十分なだけの軍に俸給を払うことができないのであるから、ポーランドは必要に応じてその住民の内にこの軍を見出さねばならないのである。立派な民兵隊、よく訓練された真の民兵隊だけがこの目的を満たすことができる。この民兵隊は共和国にとって大した負担とはならず、つねに共和国に仕える準備ができており、また立派に仕えるであろう。なぜなら結局は他人の財産よりも自分自身の財産のほうを人はいつもよく守るからである。

　ヴィロルスキ伯爵は、軍隊を州ごとに召集し、つねに戦闘状態にしておくことを提案されている(一〇四)。これは王軍を、あるいは少なくとも歩兵隊を解散することを前提とする。なぜと言って、三十三の連隊を維持するのは、共和国がその他に王軍にも費用を出さねばならないのだとすればあまりに負担となりすぎるだろうからである。この変更には便利な点があろう。そして実行は容易なものと私には思われる。しかし、やはりそれはカネのかかるものになる可能性があり、そしてその弊害を予防することは困難であろう。私は町と村の秩序を維持するために兵士を分散させるという意見は取らない。それでは、彼らにとって規律が乱れるものとなろう。軍人、わけても職業軍人は、けっして彼ら自身の行動に一人で委ねてはならず、また市民に対する何らかの巡察はなおさら任務としてはならない。彼らはつねにまとまって行軍し、宿営しなければならない。いつも従属し、監督される彼らは士官の掌中の従順な道具以外のものであってはならない。彼らにどんなに小さな巡察の任務を与えても、限りない暴力、力の濫用と弊害がそこから結果するであろう。兵士と住民とは互いに敵となるであろう。それはどこでも正規軍に付随する禍なのだ。つねに存在するこの軍隊はこうした精神を身につけるであろうし、この精神は自由にとってけっして好ましいものではないのである。ローマ共和国は、その征服が遠隔地に及んだ結果つねに軍団を戦闘態勢に保つことを余議なくされたとき、その軍団によって滅ぼされたのだった。もう一度言うが、ポーランド人はたとえいいことであっても、周囲で行なわれていることをまねるために眼を周囲に向けてはならない。まったく異なる政体に属するそうした美点も、彼らの政体においては悪となるであろう。彼らは他人のしていることではなく、ただ彼らに適したものだけを求めるべきなのである。

それならなぜ、およそ征服の精神を持たない国民全体にとって役立つよりは百倍も重荷となるような正規軍の代わりに、スイスに——そこではすべての住民が兵士である、しかし、そうならねばならないときに限って兵士である——打ち立てられているのとまさしく同様な真の民兵隊をポーランドに建設しないのであろうか。ポーランドに確立している奴隷状態が農民をすぐに武装することを許さないことは私も認めよう。奴隷の手に武器が握られれば、それはかならず、国家に有益になるよりは危険なものとなるであろう。しかし彼らを解放する適切な時がくるまでポーランドには都市がたくさんあるのであるから、その住民が軍隊に組織されれば、必要なとき多数の軍を提供できようし、その維持は当の必要時以外は国家に出費を強いることもないであろう。これら住民の大部分は土地を持たないのだから、こうして彼らの租税割当額を彼らは軍役で支払うことになるであろう。そしてこの軍役は、たとえ彼らが十分訓練されるにしても、彼らの重荷にはならない仕方で容易に割当てられるであろう。

スイスでは結婚する個人にはみな、祭式の時の衣装となる軍服と小口径銃、それに歩兵の全装備が支給されなければならず、そして彼は自分の地区の中隊に登録されるのである。夏のあいだ、日曜日と祝日には、これらの軍隊はその役割表の順番に従ってまず分隊ごとに、次いで中隊ごとに、それから連隊ごとに訓練される。順番がくると平原に集まって順次小さな野営地を形成し、そこで歩兵隊にふさわしいすべての演習訓練を受けるまでやるのである。自分の住まいを出ないかぎり、彼らは自分の仕事をやめさせられることはほとんどあるいはまったくなく、給料は一銭ももらえないが、戦場へと行軍するとすぐに軍用パンの支給を受け、国家から俸給を受ける。そして、自分自身で訓練を受け、全員が軍役を果たせるように、身代わりとして別の者を送ることはだれにも許されないのである。ポーランドのような国家では、その広大な諸地方から王軍に容易にとって代わるものをひきだすことができる。つねに戦闘準備ができてはいるがしかし少なくとも毎年入れ替わり、すべての本隊についての小分隊ができているので自分の番が十二年から十五年に一度まわってくるかこないかの、個人にとってはほとんど負担とならないような十分な数の民兵隊によってなされるのである。このようにして民族全体が訓練を受けることになり、つねに必要に備え、また今日の王軍よりははるかに費用のかからない――とりわけ平時には――立派な、数を誇った軍隊がえられることになるであろう。

しかしこの作戦が首尾よく運ぶためには、この点に関して一身分についての世論を変えることから始めねばならず、事実それはまったく変化するのであって、ポーランドではもはや兵士を、生きるために五ソル(一〇五)で身売りする無頼の徒としてではなく、祖国に仕え自分の義務を果たす市民として考えさせることから始めねばならないであろう。この身分をかつてそうであったのと同じような、そしていまなおスイスとジュネーヴでそうであるのと同じような名誉あるものに戻さねばならない。そこでは、最良の町民《ブルジョワ》は市庁舎や主権を持つ評議会におけると同様(一〇六)、彼らの本隊でも武器のもとでも誇りに満ちているのである。そのためには、士官の選択に当たって位階、勢力、財産は考慮に入れず、ただ経験と才能のみ斟酌することが大切である。武器の手際よい扱いを名誉にかかわることとするほど簡単なことはなく、その結果、自分の家族と親戚の眼から見て各人が祖国に尽くすために情熱をもって訓練を積むようにさせるのである。偶然入隊させられ、訓練を積むことに苦しみしか感じない手合では情熱に同じように火がつくわけではない。私は、ジュネーヴで町民《ブルジョワ》が正規軍よりずっとうまく演習するのに遭遇したことがある。しかし為政者はそれが町民《ブルジョワ》に彼らの目的には添わない好戦的精神を与えると考えて、わざわざこうした競争心を抑えつけてしまった。そしてそれがうまく行きすぎたのである。

この計画を実行に移すに当たって、もともとその地位に付随している統帥権を王に返すのに何の危険もないであろう。というのも、少くとも民族を構成する全員が自由に参与している場合には、民族が自分自身を抑圧するために利用されるのはよろしくないからである。行政権力が国家を隷属させることができるのは、正規のつねに存続する軍隊による以外けっしてない。ローマの大軍団は執政官ごとにそれが変わっているあいだは弊害がなかった。そして、マリウス(一〇七)までは、だれも共和国を隷属させる手段をそこからひきだせるとは考え浮かばなかったのだ。征服がはるか遠隔の地に及んだ結果、ローマ人が同じ軍隊を長く戦闘態勢につかせざるをえなくなり、無頼漢をそこに補充して地方総督《プロコンスル》にその指揮権を永続的に委ねることを余議なくされたときはじめて、この連中が自分たちの独立を感じ始め、自分たちの権力を確立するために軍隊を利用しようとし始めたのであった。スラとポンペイウス、それにカエサル(一〇八)の軍隊が真の正規軍になった。そしてそれらが共和主義的統治の精神を軍事的統治のそれに変えたのであった。そしてこのことはまことに真実なのであって、相互の不満のなかでカエサルが自軍の兵士を市民、「ローマ市民《キリテス》」(一〇九)として扱ったとき、彼らは非常に憤慨したほどだった。私が思い描いている、そしてまもなく描き終わるであろう図のなかでは、全ポーランドが近隣諸国の企てに対してと同様、統治者の企てに対しても、その自由を擁護すべく戦士となることであろう。そして、私はあえて言うが、この計画がひとたびきちんと実行に移されれば、自由にとってのいささかの危険も生じさせずに大将軍の任務を廃止し、それを王権に統合することができるであろう。ただし、それは民族が征服の企てに眩惑されさえしなければの話であり、そういう場合については、私はもう何も責任を負わないのであるが。

　共和国がまさしくそのうちに存在する騎士階級は、私が歩兵隊のために提案する計画と同様の計画に、なぜ彼ら自身従わないことがあろうか。すべての州に全貴族が登録される騎兵団を創設するがよい。そしてそれは士官、参謀部、騎兵隊旗をそなえ、警報が出たら受持ち地区の割当て、毎年そこに集まる時期を決めるのだ。あの勇敢な貴族は、騎兵中隊の機動演習の訓練を、あらゆる種類の移動と機動を行ない、その機動に秩序と精密さを与え、軍の従属関係を認識する訓練を積むがよい。彼らが他民族の戦術を卑屈にもまねるようなことは、まったくしてほしくない。かれらに固有な、彼らの自然の民族的な性向を発展させ完成させるような戦術をつくりだしてほしいものである。わけても迅速さと敏捷さの訓練を、横隊から縦隊に移り、散開し、ふたたび集合するのを楽に混乱なく行なう訓練を積んでもらいたい。小規模反覆攻撃と呼ばれる訓練、敏捷な軍にふさわしいあらゆる機動の訓練を積み、急流のように一地方になだれ込み、いたるところを襲ってけっして襲われることはなく、分散していてもつねに協力して行動し、兵站を断ち、輸送隊を遮断し、後衛隊に突撃し、前進隊をもぎ取り、別働隊の不意を突き、集合して行軍し野営する大部隊にはこれを執拗な反覆攻撃で悩ます、といった訓練を積んでもらいたい。彼らに古代パルチア人（一〇）の方法を採用してもらいたいものだ。そして連中のように、もっとも訓練された軍をさえけっして交戦せずに、息つく暇を与えずに打ち破り、殲滅することを学んでもらいたいのである。一言にして言えば、必要である以上、歩兵は持つがよい。しかし、諸君の騎兵隊だけを当てにせよ。そして戦争の帰趨をその手に握らせるような組織をつくりだすために、全力を尽くすがよい。

要塞を持つように、という勧めは、自由な国民にとってまずい勧めである。それはポーランド魂にはふさわしくない。そしてどこでもそれは早晩、暴君の巣窟となるものである。ロシア人にそなえて強化しようとするつもりの要塞は、間違いなく彼らの利益のために強化されることになり、それは諸君にとって、そこからもはや逃れることのできない桎梏となるであろう。哨所の利点さえ無視するがよい。そして砲兵として身を滅ぼさないがよいのだ。諸君に必要なのはそんなものではない。突然の侵略はたしかに大きな禍だ。だが永続的な鉄鎖ははるかに大きな禍なのだ。隣国が諸君のところに侵入するのを困難にするようにはけっしてなるまい。しかし、彼らがそこから無傷で出ることが困難なようにすることはできる。そして、諸君がすべての配慮を尽くすべきなのはそこなのである。アントニウスとクラッスス（一二）は容易に侵入したのだった。しかし不幸なことにパルチア人のところへであった。諸君の国のように広大な国はいつでも住民に逃げ場を提供するし、侵略者から逃れるための有力な方策を差し出しているのである。どんな人間の技術を尽くしても、弱者に対する強者の突然の行動を阻止する術はないだろう。だが反撃のための手段を大切にとっておくことはできる。それに諸君のところから退却するのがかくも困難なことだと経験が教えれば、それほどせっかちに侵入しようとはしなくなるだろう。だから諸君の国をスパルタのようにまったく開かれたままにしておくがよい。しかしスパルタのように、市民の心のなかに立派な砦を構築しておくがよい。そして、テミストクレス（一三）がアテナイ人をその艦隊に乗せて連れていったように、必要なら諸君の街を馬に乗せて運ぶがよい。模倣の精神は立派なものをほとんど産みださないし、偉大なものはけっして何一つ産みださない。それぞれの国はその国に固有の強みがいくつかあるのであって、制度がそれを広げ、助長しなければならないのである。ポーランドのそれを大切にし、育成せよ。そうすれば、他の民族を羨まねばならないことはほとんどなくなるであろう。

　ポーランドを隷属不可能にするには、たった一つのことで十分なのだ。それと不可分の美徳によって正気あるものとされた祖国と自由への愛である。諸君はその永遠に記念すべき例を示したばかりだ。この愛が燃えるかぎり、一時的な桎梏からはたぶん諸君を守らなくても、遅かれ早かれそれは堰を切ってほとばしり、桎梏を揺るがして、諸君を自由にするであろう。だからすべてのポーランド人の心のなかで祖国愛をその頂点まで高めるよう、たゆまずつねに努めるがよい。私は前に、この目的にふさわしい手段のいくつかを指摘した。ここではもっとも力強く、また立派に実行されればその成功が確実でさえあると私が考える方法を詳述しなければならない。それは全市民が公衆の眼前にいるとつねに感じ、だれも世間の良い評判以外によっては昇進せず出世もせず、いかなる地位もいかなる職も、民族の願い以外によっては務められないようにすることであり、そして結局、最下位の貴族から、できることなら最下位の平民から王にいたるまで、全員が世間の評価なくしては何もなしえず、また何も得られず、どこにも出世できないほどまでに、それに依存するようにすることである。この共通の競争心によって刺激を受けた興奮状態から、あの祖国愛の陶酔が生まれるであろう。それだけが人間をして自分自身を超えたところまで高めることができ、またそれなくしては自由は空しい名のみのものとなり、立法は幻想にすぎないものとなるであろう。

いたるところ段階的な歩みに従い、あらかじめ下位の等級を経ていなければ国家の栄職・顕職にはだれも認められず、その下位の等級がより高位にいたる入口となり、試験となるように配慮するなら、騎士階級のあいだでこのシステムを確立するのは容易である。なぜなら、貴族のあいだにおける平等はポーランドの一つの基本法であって、公務の道はそこではかならず下級職から始めねばないからだ。それが政体の精神なのだ。情熱に衝き動かされてそれに名乗りをあげる、そしてそれをうまくやりおおせると感じているすべての市民にその下級職は開かれていなければならない。しかしそれは努力家であろうと取るに足らない者であろうと、この道で昇進しようと思うだれにとっても不可欠の第一歩でなければならないのである。だれにもそこに名乗りをあげない自由はある。しかしだれかがそこに入ったら、自発的に退かないかぎり、昇進するか、否認されてはね返されるかのどちらかであるべきだ。全行動にわたって同胞から見られ判定を受け、自分のすべての歩みが見守られていることを彼は知らねばならず、良い点と悪い点について正確に斟酌され、その結果が彼の残りの生涯すべてに及ぼされるのでなければならない。

〔一三〕　政府の全構成員を段階的な歩みに従わせるための計画

以下が、この歩みに段階をつけるための一計画であって、私はそれをできうるかぎり既成の政府の形態に適合させようと努めてみた。既成の政府はただ元老の任命に関してのみ、上述した方法と理由にもとづいて改革がはかられたのだったが。

共和国のすべての能動的な構成員──行政にあずかる人間のことを言っているのだが──は、三階級に分かたれ、これらの階級を構成する人間が身につける三つのそれぞれ異なるしるしによって、それが示されることになるだろう。かつて勇気の証であった騎士勲章はいまでは王の寵愛のしるしにすぎない。その特徴たる略綬と宝石は、安ものの装飾や女性用の装身具の感じがするので、われわれの制度では避けなければならない。私が提案する三階級のしるしは各種金属のバッジで、その材料の価値がそれをつける人の等級に反比例するようなものであってもらいたい。

公務における第一歩は、青年に対する試験に先立たれよう。それは、弁護士と陪席判事と下級裁判所の判事、それに公金のどこかの部門の監督者の地位についてなされ、そして一般に、その職に就く者がその長所と能力と几帳面さと、そしてなかんずく廉直さを示す機会を示すようなすべての下級の地位についてなされる。この試験的身分は少なくとも三年続かねばならず、それを経過すると、上司の証明書と世論の支持の証拠を携えて、彼らは自分たちの州議会に名乗りをあげることになろう。そこでは、振舞を厳しく検討されたのちに、それに値すると判断された人間は、彼らの名と州名、および彼らの入会の日付、それに下のほうに大文字の「祖国の希望《スペス・パトリエ》」と記載された金のバッジが与えられるという名誉を得ることになろう。このバッジを受けた人間は、いつもそれを右腕か胸につけておくことになる。彼らは「国家の奉仕者《セルヴァン・デタ》」（一三）の称号を取るのであり、そして、国会で国会議員、最高裁判所で代表、ラドムでは監査役に選ばれるのであって、主権に属する公職を担当しうるのは、騎士階級のなかでは国家の奉仕者を措いては他にいないであろう。

第二の等級にいたるには、国会で三度国会議員を務め、各報告州議会ごとに選挙人の賛同を得ることが必要となろう。そしてだれも、前の国会議員職に関するこの証明書を持たなければ、二度目あるいは三度目に国会議員に選ばれることはないであろう。最高裁判所、あるいはラドムでの監査役、あるいは判事としての勤務は議員職に準じることとし、正当な権利を持って第二の等級にいたるには、これらの集まりに一様に、しかしかならず賛同を得て、三度席を占めれば十分であろう。こうして、国会に提出された三枚の証明書にもとづき、それを獲得した国家の奉仕者は第二のバッジと、それがしるしとなっている称号の名誉を受けることになろう。

このバッジは前と同じ形、同じ大きさの銀製のものであり、「祖国の希望《スペス・パトリエ》」の二語の代わりに、「選ばれた市民《キヴィス・エレクトス》」の二語を刻み込む他は、同じ記載を持つであろう。このバッジをつける者は「選ばれた市民《シトワイヤン・ド・ショワ》」あるいはたんに「選ばれた者《エリユ》」と呼ばれるだろう。そしてたんなる国会議員、最高裁判所の判事、会計検査院の監査役ではもはやありえず、元老の地位の候補者となるであろう。この第二の等級を経ずして、そのしるしを身につけずして、だれも元老院に入ることはできないであろう。そして、計画に従ってそこから直接抽出される議員元老は、そのしるしを第三の等級に達するまで身につけ続けることになろう。

私が学院〔二四〕の校長と子供の教育の視学官を選びたいと思うのは、第二の等級に達した者のなかからである。彼らは元老院に入会が認められる前に、この職を一定期間務めることが義務づけられよう。そして彼らは国会に対して教育行政官学院の賛同を提出しなければなるまい。それは、この賛同が他のそれと同様かならず世論の支持を受けた上のことであって、世論に諮る手段はいくらでもあるのである。

議員元老の選出は、各通常国会で国会議員の院において行なわれるであろう。その結果、彼らは二年間しかその任にとどまらないことになろう。しかし彼らは、毎回その地位を離れるさい、二度目ないし三度目国会議員に選ばれるために州議会からの獲得が必要となるのと似た賛同証明書をあらかじめその同じ院から得ていさえすれば、さらに二回継続され、あるいは選出されることができるであろう。というのも、各期間ごとに取得されるこのような証明書なくしてはもはやどこにも出世することはないであろうし、政府から除外されないためには、下位の等級からふたたび始める以外、方法がなくなるだろうからである。そしてこのことは、たとえどんな過ちを犯したとしても、その過ちを抹消し、出世するあらゆる希望を情熱ある市民から奪わないために、許可されねばならないのである。なおまた、いかなる特別の委員会にもこれらの証明書あるいは賛同を発送しまたは拒否する仕事をけっして任せてはならない。これらの判断は、院全体でなされるのでなければならない。地位を離れる議員元老の判断については、私がその選出のために提案したのと同じ厚紙を用いる方法に従えば、それは混乱も時間の損失もなくなされるであろう。

まず特別の団体によって、次いで州議会、そして最後に国会によって与えられるこれらの賛同証明書なるものはすべて、功績と正義と真理に対して認められるというよりは、策略と勢力によって無理やり得られるものだろうと、ここで人はたぶん言うであろう。それに対して私の答えるべきことは一つしかない。悪徳は免れないとしても活力と美徳はやはりそなえている国民に、私は話しかけていたつもりなのである。そしてそう仮定すれば、私の計画はよいものなのだ。しかしポーランドがすでに、すべてが根本まで金銭で動き買収されるところまで行っているのなら、その法律を改革しその自由を保持しようとしても無駄なのだし、そんなことは放棄して、頭を桎梏の前に差しださねばならないのである。しかし本題に戻そう。

賛同を得て三度務めた議員元老は、すべて正当な権利をもって国家の最上の等級である第三の等級に移行するであろう。そしてそのしるしは、国会の任命にもとづき王によって授けられることとなろう。このしるしは前と似た青色鋼鉄製バッジで、「法の守護者《クストス・レグム》」という記載を持つであろう。それを受けた者はどんな傑出した地位に就いても、王位に上がるようなことがあったときは王座にあってでも、それを残りの全生涯にわたって身につけることになろう。

州の行政長官と大要塞司令官(一一五)とは法律の守護者《ガルディアン・デ・ロワ》の一団のなかからのみ、後者が選ばれた市民《シトワイヤン・エリュ》のなかから抽出されたのと同じ方法で、すなわち国会の選択によって、抽出されることができよう。そしてこの州の行政長官は共和国のもっとも傑出した地位を占めるのであり、終身その地位に就くのであるから、自分の上にはもはや王位しかないような地位で彼らの競争心が眠ってしまわないようにするために、そこにいたる道が彼らに開かれてはいるにしても、やはり世論の支持と美徳の力のおかげでしかそこには到達できないような方法で、開かれることになるであろう。

さらに先に進む前に次のことを指摘しておこう。すなわち、共和国の頂に階段を追っていたるために私が市民たちに経巡るようにさせた栄達の道は、人間の一生の力量にかなりよく釣合っているように思われるので、政府の手綱を握る人間は、青年の客気を経験したあとでもなお血気盛んな年頃にあることができるのであって、たえず公衆の眼のもとで監視される十五年ないし二十年の試験期を経たあとでもまだ、彼らには彼らの才能と経験と美徳を祖国のために役立てられるような、また彼ら自身国家の第一等の地位にあって、彼らが立派にそれに値した尊敬と名誉を享受することのできるような、かなり多くの年月が残っているということである。ある男が二十歳で公務に就き始めると仮定して、三十五歳ですでに州行政長官になることは可能だ。しかし、この段階的歩みがそんなに早くなされるのは難しいし、適当でもないので、まず四十前にはこうした傑出した地位にはいたるまい。そして私見によればこの四十歳という年齢は、政府高官に求められねばならないすべての美質を集めるのにもっともふさわしい年齢なのである。こうした歩みは政府の必要に可能なかぎり適したもののように思われる、とここでつけ加えておこう。確率論からいうと、二年ごとに少なくとも新たな五十人の選ばれた市民と、二十人の法律の守護者が得られるだろうと私は考える。この二つの等級がそれぞれ導く元老院の二つの部分を補充するのに、それは十分すぎる数である。というのも、元老院の第一の身分は数が最大であるとはいえ終身制なので、私の計画では各通常国会で一新されることになっている第二の身分ほどしばしば満たすべき地位が空くことはないだろうということが、容易にわかるからである。

残りの「選ばれた者」を代表として元老院に入るまで暇にしておくつもりのないことは、すでに見たし、やがてもう一度見ることであろう。法律の守護者が州の行政長官あるいは要塞司令官としてそこに入るまで、彼らもまた無為に過ごさせないために、私が前に述べた教育行政官学院をこの一団からつくろうと私は思う。院長としてこの学院に首座大司教《プリマ》、あるいは他の司教を充てることができよう。その上、他の聖職者は、たとえ司教であれ元老であれ、そこには認められないと規定しておくのである。

以上が、全体の非常に重要で中間的な部分、すなわち、貴族と為政者に対するかなりよく段階のつけられた歩みであると私には思われる。しかしわれわれにはまだ二極が、すなわち人民と王が欠けている。これまでは無と考えられていたけれども、しかしポーランドにある力、ある堅固さを賦与したいと望むなら、それを何かに数えることが結局重要であるところの第一のほうから始めることにしよう。問題となっている作業ほど微妙なものはない。というのも、結局、民族が騎士階級のなかにどうやら包みこまれてしまっているということ、そして残りのすべて、農民と商業市民《ブルジョワ》が立法においても統治においても無力であるということ、この二つが共和国にとって何と大きな不幸であるかということを各人が感じているにしても、そうしたものが旧政体だからである。それを一挙に変えてしまうのは、いまは慎重なことでも可能なことでもないであろう。しかしこの変革を段階を追って導き、著しい大変動なしに民族のもっとも多数を占める部分が堅く祖国に、そして政府にさえ結びつくようにすることは可能である。それは二つの手段によって果されるであろう。第一は正義の厳正な導守であって、その結果は、農奴と平民が貴族に不当に処遇されるのを恐れる必要がまったくなくなり、生まれながらに貴族に対し持っている嫌悪の情が癒えるようにすることである。このことは裁判所における大きな改革と、弁護士団体に対する特別の配慮を必要とする。

第二の方法——それがなければ第一の方法が何もならない方法——は、農奴が自由を獲得するための、そして商業市民が貴族の称号を獲得するための門戸を開くことである。たとえそのことが現実には実行可能でないとしても、少なくとも可能性としてそれが見えるようでなければなるまい。しかしそれ以上のことはできないと私には思われるし、まったく危険を冒さずにはおかないということなのだ。たとえば以下は、掲げられた目的に導いてくれると私には思われる一方法である。

ある国会から次の国会へのあいだの期間を利用して、二年ごとに各州で適当な時期と場所を選び、そこでまだ代表元老になっていない同じ州の「選ばれた者」が、風紀取締委員会あるいは慈善委員会を立ち上げ、まだ終身元老になってない一人の「法律の守護者」の主宰のもとで集まることにする。そしてそこにはすべての司祭ではなく、その名誉にもっともふさわしいと判断された司祭だけが招かれる。この選別は、人々の眼から見た暗黙の判断を形づくるから、村の司祭のあいだに何らかの競争心をよび起こすことになり、彼らの多くが陥りやすい放埓な習俗から守ることになるのではないかとさえ、私は思うのである。（二一六）

この集まりにはあらゆる身分の老人と著名の士を呼んでよいと考えるが、そこでは、その州にとって有益な施設の計画の吟味に取り組むことになろう。自分たちの聖堂区と近隣の聖堂区の状態について司祭の報告を聞き、自分たちの地方の耕作と世帯の状態について、著名の士の報告を聞くだろう。慎重にこれらの報告が検討されるであろう。委員会の構成員はそれに自分自身の見解をつけ加える。そしてそのすべてが正確に記録され、そこから州議会への簡潔な意見書がひきだされることになろう。負担の重い家族、不具者、寡婦、孤児の必要を細かく調査し、その州の暮らし向きのよい人の無償の醵出によってつくられる基金のなかから、必要の度合いに応じて面倒を見てやることになろう。これらの出資は、全ポーランドで乞食も救貧院も許されるべきではないのであるから、それが唯一の慈善義務となるだけにいっそう、負担にはならないであろう。たしかに聖職者は救貧院の保持のために大いに声をあげるであろうが、この叫びは、それを破滅する理由をもう一つつけ加えるだけなのである。

懲罰にも叱責にも首を突っこまず、ただ親切と称賛と励ましだけを仕事とする当委員会では、確かな情報にもとづいて、その行動が名誉と褒賞に値するすべての身分の正確な個人リストがつくられるであろう。(1) これらのリストは元老院と王に送られ、そこで機会がくれば参酌され、彼らの選択と好みがいつも正しく位置づけられることになるであろう。そして、前に述べた無償の席が諸学院で教育行政官によって与えられるのは、この同じ集まりの報告にもとづくであろう。

（1）その評価に当たっては、なんらかの単独の行為よりは人物にはるかに大きな考慮を払わねばならない。真の善行は、それほどの華々しさを伴わずになされる。ある人間が名誉に値しうるのは、公衆の感嘆の内にすでにその見返りを見出している大げさな芝居の見せ場によってよりは、むしろ、終始一貫して変わらない振舞、私的家庭的な美徳、みずからの身分が課すすべての義務が立派に果たされること、そして最後に、彼らの性格、彼の原則に由来する行動によってなのである。哲学者流《フィロゾフ》の見せびらかしは、華々しい行為を大いに好んでいる。しかしこの種の五つ六つの、まことに輝かしく、まことに騒々しい、そしてまことに誉めたたえられもする行為をなす輩は、自分に関して人の眼を欺き、一生涯不正で冷酷でも罰せられずにいることだけを目的にしているのだ。「立派な行為の本当のところを見せてちょうだい。」この女性言葉は、実に正鵠を射た言葉である。

しかしこの委員会のもっとも主要な、そしてまたもっとも重要な仕事は、正確な覚書きにもとづいて、そしてよく吟味された世論の支持の報告にもとづいて、立派な振舞、立派な耕作、立派な習俗によって、家族への配慮によって、立派に果たされたその身分の持つすべての義務によって際立っている農民の名簿を作成することであろう。この名簿は、次いで州議会に提出されよう。そして州議会はそこから法の定める人数を選び出して彼らを解放してやり、また自由に値するとされた農民の数に応じてその主人に義務免除と特権と特典を享受させることによって、その損失をふさわしい方法で補うことになろう。というのも、農奴の解放が主人にとって負担となる代わりに、絶対、名誉ある、そして有利なものとなるようにしなければならないからである。むろん、濫用を避けるために、こうした解放は主人によってではなく州議会における判定によって、しかも法によって定められた数に限ってなされるであろう。

ある地区で一定数の世帯を順次解放すると、村全体を解放することになり、そこに少しずつコミューン都市を形成して、ちょうどスイスのようにいくらかの不動産、いくらかの共同の土地を割当てて、コミューン都市の役人を設けることができよう。そして段階を追って事を運び、著しい大変動を経ないで大規模に作業を完成することができたら、代表を州議会に送ることによって自分たちの地方の行政に参加するという、自然が彼らに与えた権利を結局彼らに返すことができるであろう。

これがみなすんだら、自由な人間、そして市民となったこれら農民すべてに武器を持たせ、連隊に編成して訓練することになろう。そしてついには真にすぐれた、国防に十分すぎるくらいの民兵隊を得ることになるであろう。

一定数の商業市民《ブルジョワ》の貴族叙任のためには、そして、たとえ貴族に叙任しなくとも貴族を除いて彼らだけで務めるいくつかの輝かしい地位を彼らに予定するためには、似たような方法に従うことができるであろう。そしてそれは、ヴェネツィアの人々にならうのだ。貴族にあれほど恋着しているヴェネツィア人は、それでも、その他の下級の職の他に、国家第二の職、すなわち大法官の職をかならず一人の都市民に割当てているのであって、いかなる貴族もけっしてそれを要求しないようにしているのである。このようにして商業市民に貴族と顕職への門戸を開けば、彼らを祖国と政体の維持に堅く結びつけることになろう。また個人を貴族に叙任しなくとも、商業と産業と技芸がいっそう栄えていて、その結果市の行政が最良であるような都市を選んで、全体として貴族叙任することもできよう。これら貴族叙任された都市は、皇帝の諸都市にならって、国会議員を国会に送ることができるだろう。そしてその例がかならず他のすべての都市において、同じ名誉を得ようという激しい願望をかきたてることになろう。

この分野の慈善を担当する風紀取締委員会は王と国民にとって恥ずべきことに、かつてどこにも存在したことがなかったのだが、選挙によらないとはいえ、情熱と廉直さをもってその職責を果たすのにもっともふさわしい方法で構成されることになろう。なぜなら、その構成員は、各自の等級がそこに導くことになる元老の地位の希求者であり、公衆の賛同によって国会の投票に値しようと、非常な注意を払うからである。そしてそれは、彼らの相続く選挙を分かつ期間に、そうした希求者の気を逸らさず、彼らを公衆の眼前に置いておくのに十分な関心事となろう。しかしそれはこの期間、たんなる段階をつけられた市民の身分から彼らをひきだすことなくなされるだろうということに注意するがよい。なぜなら、この種のかくも有益でかくも尊敬すべき法廷は、善行以外なすべきことはけっしてなく、いかなる強制力を持つ権力も与えられないだろうからである。だから、私はここで為政者の職の数をふやしているのではまったくなく、ただついでに、ある職から別の職への移行の過程を役立てて、それらの職責を果たすべき人々を利用しているわけなのである。

この計画は、その実施に当たって継続的な歩みによって段階づけられており、しかもその歩みは、結果の良し悪しに応じて早めることも遅らせることもでき、また停止することさえできるのだから、人はこの計画にもとづく限り、ただ経験に導かれて意のままに進む以外にないことになろう。あらゆる下級の身分のあいだに、公共善に寄与したいという燃えるが如き情熱の火をともすことになるであろうし、ついにはポーランドのあらゆる部分を活性化し、それがもはや同じ一つのまとまり以外にはなり得ないような仕方で結びつけるにいたるであろう。そしてそのまとまりの活力と諸力は、それが現にあり得るところより、少なくとも十倍位は増大するであろう。しかもこのことは、一切の激烈で急激な変化と大変動《レヴォリユシオン》の危険を回避するという、はかり知れない利点を併せ持った上でのことなのである。

諸君はもっとも大きな効果をあげる輝かしく高貴な方法でこの作業を始める、素晴らしい機会に恵まれている。ポーランドがこうむったばかりの災禍において連合派が商業市民から、そして農民からさえ、援助と紐帯のしるしを受けなかったはずはない。ローマ人の雅量を見ならうがよい。彼らは共和国のはなはだしい災禍のあとで、彼らの不幸のあいだ何らかの目覚ましい貢献をした外国人、臣民《スユジェ》、奴隷、そして動物にまで、感謝の限りを尽くそうと配慮したのであった。ああ、あれら商業市民に貴族の身分を、あれら農民に自由をおごそかに授けるとは、しかもその儀式を壮厳な胸を揺さぶる記念すべきものとするあらゆる華麗さ、あらゆる華美を尽くして取り行なうとは、私の意に添う美しい門出ではないか！　そしてこのような門出だけで満足してはならない。このように抜擢されたこれらの人々は、つねに祖国の選ばれた子供たちでなければならない。たとえ彼らが悪い臣民であっても、監督し、保護し、助け、支えなければいけない。どんな犠牲を払っても、一生涯繁栄させなければならない。ポーランドが逆境にあったときあえて救いの手をさしのべた者はだれでもその繁栄時にポーランドから何を期待すべきか、公衆の眼前に例示することによって、ポーランドがヨーロッパ全体にさし示すためである。

以上が、大雑把な、しかもたんにモデルの形をとって示された考え方であるが、そのやり方に従えば、どんなものにでもいたれる自由な道を各人が眼前に見、祖国に立派に仕えることによって全員がもっとも名誉ある地位に段階を追って進み、そして運命が好んで閉ざしているすべての扉を美徳が開くことができるようになる、そうなるように人は取りかかることができるのである。

しかし、まだすべてが終わったわけではない。そしてこの計画のうちまだ私が述べねばならぬ部分は、疑いもなくもっとも厄介でもっとも困難なものだ。この上なく老練な政治家の慎重さと経験をもってしてもいつも失敗を重ねてきた障害をのり越えるよう、それは呼びかけている。しかしながら私の計画が採用されたと仮定すれば、私が提案しようとするごく簡単な方法ですべての困難は取り除かれ、すべての悪弊は予防され、そしてまた新たな障害となると思われたものも実行に当たっては利点に変化してしまうと私には思われるのである。

〔一四〕王の選挙

　これらすべての困難は、その選択が混乱をひき起こさず自由を侵害しないような首長を一人国家に与えるという困難に帰着する。この同じ困難を助長するものは、自由な人間をあえて治めようとする者にはだれにでも必要とされる偉大な美質にこの首長が恵まれていなければならないということだ。王位の世襲制は混乱を予防する。だがそれは隷属をひき起こす。選挙は自由を維持するが、しかし各治世ごとに、それは国家を揺さぶる。この二者択一は困ったものだが（一一七）、しかしそれを避ける方法について語る前に、ポーランド人が普段王位を扱う仕方について、しばらくのあいだ考察を加えるのを許していただきたい。

　まず私は問おう。なぜ彼らは自分たちに外国人の王を与えねばならないのか、と。どういう奇妙な無分別から民族を隷属させ、自分たちの習慣を廃し、他の宮廷に弄ばれ、王位空白期間の騒動を好んでふやすもっとも確実な方法を彼らはこんなふうに採用してしまったのか。何という不正を自分自身に対してなしたのであろう。何という侮辱が、祖国に対してなされたのであろう。まるで彼らに命ずるにふさわしい人間を祖国の内に見出すことに絶望して、遠くまで探しに行かざるをえなかったかのようだ。それはまったく反対だということを、どうして彼らは感じなかったのであろう。どうしてわからなかったのか。諸君の民族の年代記をひもといてみるがよい。名をはせているのはポーランド人の王の治下を措いてないということがわかるだろう。民族は外国人のもとではほとんどつねに抑圧され、卑しめられているのがわかるだろう。結局は経験が理性の支えにならなければだめなのだ。なんという悪をみずから招いているか、そしてなんという幸福をみずから奪っているか、見るがよい。

というのも、私はなお問うのだが、王位を選挙制にするためにあれほど努力したポーランド民族は、どうしてその法を利用して行政の構成員間に情熱と栄光の競争心をかきたてることを考えなかったのか。それだけでも祖国の善のためには、他のすべての法律全体よりもっと貢献していたであろうに。もっとも立派な人に予定された王位、そして公衆の尊敬に値する術を心得たおよそすべての市民の眼前にぶら下がる王位とは、偉大で野心に満ちた魂に対する何と強力なバネであろう！　公衆の尊敬のもっとも価値のある賞を得る望みは、どんなに多くの美徳、どんなに多くの高貴な努力を民族のあいだにひき起こすはずのことか。すべての心のなかに、何という祖国愛の種子が芽生えることか。すべての個人の願いのひそかな対象となったこの地位を手中にすることができるのは、それによってだけだとはっきり悟ったときに。そして、つねにそこに近づき、そしてもし運命に助けられればついにはそこに到達してしまうのも、功績と奉仕のおかげ、彼ら次第なのだということになったらすぐにもなのである。共和国のなかでかくも強力な、そしてこれまでかくも無視されてきたこの偉大なバネを動かす最良の方法を探すことにしよう。問題となっている困難を取り除くには、ポーランド人にだけ王位を授けるのでは十分でない、そう人は私に言うだろう。それは私が私の方策を提出したあとで、まもなくわかることである。その方策は単純なものだ。しかし私がそれは王の選挙に籤引を導入することにあると言ったら、私自身指摘したばかりの目的にその方策がかなっていないようにまずは見えるかもしれない。お願いだから、私に説明する暇を残してほしい。あるいはただ、私の言うことを注意深く読み直していただきたい。

というのももし誰かが、籤引で選ばれた王がその地位を立派に務めるのに要求される美質をそなえているとどうして確信できようか、と言うなら、それは私がすでに解消した異議を差しはさんでいるのである。なぜなら、そのためには王が終身元老のなかからしか選ばれないようにすれば十分だからである。というのも彼ら自身、「法律の守護者」の階級から選ばれるであろうし、共和国のすべての等級を見事経たのである以上、彼らの全生涯にわたる試験と彼らが務めたすべての地位における公衆の賛同とが、各人の功徳と美徳の十分な保証となるだろうからである。

しかしながら私は、終身元老のあいだにあっても籤引だけが選択を決定すると言うつもりはない。それではやはりみずから課すべき偉大な目的に、一部分副わないことになろう。籤引が何らかの役割を果たし、選択が大きな役割を果たすのでなければならない。それは一方で外国列強の戦略、策謀を食い止め、他方ですべての州行政長官がその行動において気を緩めるどころか、競争者を抑えて選ばれるのに値するべく情熱をもって祖国に尽くし続けるように、かくも大きな利害によって仕向けるようにするためなのである。

なるほど、これら競争者の階級は、現在の政体からすれば州行政長官と地位においてほとんど同等の大要塞司令官〔一一八〕をそこに入れると、非常に数が多くなるように私には思われる。けれども州行政長官だけに王位に直接近づくのを許したとしても、それでどんな不都合が生じるか私にはわからないのである。すると、同じ階級のなかに新たな等級を一つ設けることになり、大要塞司令官は州行政長官になるためにはやはりそれを通過しなければならなくなるのであるから、したがって元老院を立法者に従属させておく手立てがもう一つ余計できるわけだ。これらの大要塞司令官は、政体にあっては余分なもののように私には思われるということは、すでに見た。しかしながら元老院における地位と位階を彼らに残してやること、それは私も認めている。だが私の提案する段階づけにおいては、彼らを州行政長官のレヴェルに置くことは何も強制していない。そして何もそれを防げることもないのであるから、最良だと判断した方策をとろうと決心することを、人は不都合なくできるであろう。この選ばれた方策は、州行政長官にのみ王位への直接の接近の道を開くものであろうと、私はここで想定しておくことにする。

そこで王の死後すぐさま、すなわち法で定められたできるだけ短い期間を置いて、選挙国会がおごそかに召集されることになる。全行政長官の名が競争者としてあげられ、そしてそのなかから、いかなる不正行為もこの作業を損なわないようあらゆる予防措置が講じられた上で、籤引によって三人が選ばれるだろう。この三人の名前は議会で高らかに告げられ、議会は同一会期中に最大多数方式でその好む人を選びだす。そして彼はその日から、王に宣せられるであろう。

この選挙形態には非常に大きな不都合が一つ見つけられるということは、私も認めるところである。

それは、民族に名誉を与え、それ以上に慈しみ、そして王国にもっともふさわしいと判断する人を州行政長官のなかから自由に選べないということである。しかしこの不都合はポーランドでは目新しいものではない。そこでは多くの選挙で、わけてもいちばん最近の選挙で、民族の推奨する人々を少しも考慮に入れずに彼らの拒否した人物を強制するのが見られたのである。しかし彼らがもはや持っていなかった、そして犠牲にしているこの利点に代わって、どれだけ多くのより重要な利点をこの選挙形態によって得ることであろうか！

第一に、籤引という行為は、一挙に外国諸民族の一味徒党を押さえつける。不正行為を行なっても、民族がつねにはねつける人物を利するには不十分なので、そのために多大の努力を払おうにもあまりに成功がおぼつかないと彼らは考える。彼らはこの選挙に影響力を振るうことができないのである。この利点だけでも相当なもので、それはポーランドの安寧を保障し、共和国における金権体質を撲滅し、そして選挙制に世襲制の持つあらゆる落ち着きを与えることになる。

同じ利点は候補者の策謀そのものに対しても見られる。というのも、人間の手にはまったくよらない選択を確実なものにしようとして彼らの内のだれが散財したりするであろう。そして、有利な偶然のために、反対の多くの偶然に起因する出来事に財産をつぎこもうとしたりするであろうか。籤で幸運を得た人は、もう選挙人を買収する暇はないだろうということをつけ加えておこう。なぜと言って、選挙は同一会期中に行なわれねばならないからである。

三人の候補者のなかから民族が自由に選択することになれば、仮にふさわしくない人物に当たるかもしれない籤の持つ不都合から、民族は守られることになる。というのも、この仮定の場合には、民族はその人物を選ぶのを控えようし、そして民族の選良であり、そのなかに一人でも不適格な人物がいようとはとても考えられない三十三人の著名の士のなかにあって籤で幸運を得た者が揃いも揃って三人とも不適格ということは、ありえないからである。

こうして――そしてこの考察は非常に重要なものであるが――われわれはこの形態によって、選挙制の持つすべての利点を世襲制の利点に結びつけることになるのである。

というのは、第一に、王位は父から子へとけっして移行しないのであれば、共和国を隷属化するためのシステムが継続することはけっしてないであろう。第二に、籤引自体が、この形態にあっては啓発された、自発的な選挙の手段である。法律の守護者、そしてそこから選ばれた州行政長官という尊敬すべき集団においては、籤はそれがどんなものであっても、かつてこの民族によってなされたような選択はけっしてしないであろう。

しかし、終身の地位にいればもはやその地位を奪われることはないという確信から気が緩んでしまうかもしれない州行政長官と大要塞司令官に、この展望がどんな競争心をもたらすか、見てみるがよい。彼らはもう恐怖に抑えられることはありえない。そうではなく、各自のすぐ身近に見える王位をきわめたいという希望が新たな刺激となって、彼らはたえず自分自身に注意を向けるようになる。選挙ではねつけられれば籤で幸運をつかんでも無駄だということ、選ばれる唯一の方法はそれに値することだということを、彼らは知っている。こうした利点は、それを強調する必要がないほど大きく明らかなものである。

最悪の場合を、つまり籤の操作に当たって不正行為が避けられず、この操作に大いに関心を持つ他のすべての競争者の警戒の裏をかくのに競争者の一人が成功する場合を、ちょっと想定してみよう。この不正行為は、排除された候補者にとっては一つの災難であろう。しかし、共和国に対して持つ効果は、籤引による決定が信頼できる場合と同じことであろう。というのは、それでもやはり選挙の持つ利点はあるであろうし、王位空白期の混乱と世襲制の危険が予防されるだろうからである。その野心にそそのかされてこうした不正行為に訴えるまでにいたった候補者は、それでもやはりまた功績のある人物であろうし、民族の判断するところ、立派に王冠を身につけることが可能な男であろう。そして結局、たとえこうした不正を働いたあとでも、それを利するためには、やはりそれに続く共和国の明白な選択によらねばならないだろうからである。

この計画がそのすべての範囲にわたって採用されることによって、国家においてはすべてが結び合わされることになり、もっとも取るに足らない個人から最高の州行政長官にいたるまで、だれ一人として義務と公衆の賛同以外の道によって出世するいかなる方法も見出せないことになる。王だけは、ひとたび選ばれるともはや法律以外何も彼の上に位置するものはないから、彼を止める他のいかなる制約も持たない。そして公衆の賛同はもはや必要としないから、彼の企てがそれを求めれば、公衆の賛同なしですましても危険はないのである。それに対しては私にはほとんどただ一つの矯正策しか見当たらないが、それすら考えてみるべきではないのだ。それは王位を何らかの方法で解任できるものにすることであって、一定期間を経たら王は追認を受ける必要があるようにすることであろう。しかしもう一度言うが、この方策は提案されるべき筋合のものではない。それは王座と国家をたえざる動揺の内に投げこみ、行政を十分堅固な状態に保って、ただ公共善にのみ、それに役立つ形で専心させるに足るようにすることはけっしてないであろう。

ある一国民のあいだでしか実行されたことがなく、しかも驚くべきことには、その好首尾にもかかわらずいかなる他国民にもまねようという気を起こさせなかった古代の習慣が一つあった。世襲制王国で考えだされ実施されたものでありながら、たしかにそれはほとんど選挙制王国にしかふさわしくないものなのだ。死後、エジプト王に対してなされた裁判と判決のことを私は言っている。その判決によれば、生前国家をよく治めた場合王の埋葬と葬儀は許され、よく治めていなかったら拒否されていたのであった。道徳的な問題すべてについて、また魂に活力を与えるすべてのことについての現代人の無関心は、ポーランドの王に対してこうした習慣を復活しようという考えを、間違いなく狂気の沙汰とみなすであろう。私がこの考えを採用させようと考えるのは、フランス人、なかんずく哲学者《フィロゾフ》たちに対してではなく、そうではなくポーランド人になら、それを提案できると思うのである。この制度は彼らのあいだでなら、他の方法では補うことが不可能な非常に大きな利点を持つであろうし、しかも不都合は一つとしてないと私はあえて主張さえしよう。この対象にあっては次のことがわかる。卑しい人間が一人としておらず、自分の死後の名声が受けることになる名誉に対して鈍感な人間が一人としていなければ、回避できない判決の持つ公正さが王に畏怖の念を起こさせないことはありえないし、その公正さが王の情念にある制約を加えないということはありえないということである。そしてその制約は、なるほど強さの度合は異なるにしても、かならずその情念を一定限度に押し止めることが可能なのだ。そこに子供たちの利害を絡ませ、その運命が父の死後の名声についてなされる判決によって左右されるような場合にはことにそうなのである。

そこで各王の死後、その遺骸は死後の名声について判決が下されるまで適当な場所に安置されること、判決を出し埋葬を命じる法廷ができるだけ速やかに開かれること、そこで彼の生涯と彼の治世が厳しく吟味されること、そしておよそ市民ならだれでも彼を非難し、弁護することが許されるような予審を経て、十分調べを尽くした訴訟は判決の段取りとなり、その判決は世にもまれな厳粛さの内に下されること、そうしたことを私は望みたい。

この判決の結果それが好意的なものであれば、故人となった王は善き、正しき統治者であると宣言され、その名前は尊敬をもってポーランド王のリストのうちに刻まれ、その遺骸は盛儀を尽くして彼らの墓所に埋葬され、「誉れを代々に輝かす」という添え言葉がすべての公式の記録、演説のなかでその名に添えられることになり、未亡人には寡婦資産が割当てられ、またその子供たちは王家の親王に宣せられて、一生涯この称号に付随する全特典を享受する名誉を受けることになろう。

反対にもし彼が不正、暴力、公金横領のかどで、なかんずく公共の自由を害したかどで有罪とされたら、彼の死後の名声は断罪され、傷つけられ、王の墓所から取り去られた彼の遺骸は個人のそれと同様、とりたてて盛儀もなく埋葬されることになり、そしてその子供たちは王家の親王という称号とそれに付随する特権を奪われ、いかなる名誉ある区別も、また名誉を傷つけられる区別も受けずに、たんなる市民の階級に戻ることになろう。

この裁判は最大限華々しくやってもらいたいものだ。そして、王位の後継者にしてみればその厳しさを緩和したほうが利益になる判決に権勢をふるわないためにも、それはできるなら後継者の選挙に先立って行なわれてほしいものである。多くの隠された真実をあばき、よりよく審理を尽くすためにはもっとたくさん時間のあるほうが望ましい、ということは私も承知している。しかし選挙のあとまで延びれば、この重要な行為は、やがて空しい儀式にすぎなくなるのではないか、そして世襲制王国にかならず起こるように、物故した王の振舞に対する正しい厳格な判断となるよりは、一つの棺前演説《オレゾン・フュネーブル》になってしまうのではないかと、私は恐れる。それなくしては判断が無駄なものとなる公正さと厳しさを保つためには、世論の役割により多く任せ、細かい知識など持たないほうが、この場合良いのである。

　この判決を下す法廷に関して言えば、それが元老院でも国会でも、また政府のなかで何らかの権限を与えられている団体でもなく、簡単には欺かれも買収もされにくい市民階級全体であってほしいものである。「国家の奉仕者」よりはよく物に通じていて経験もいっそう豊かな、そしてすでに身近に王位のありすぎる「法律の守護者」ほどには利害のかかわりのない「選ばれた市民《キベス・エレクティ》」は、まさしく中間に位置する団体であって、そこでは同時にもっとも多くの知識と廉直さが見出され、その団体こそ確かな判決を下すのに最適な、そしてその意味で、この場合他の二つより好ましい団体であるように、私には思われるのである。こんな重要な判決を下すにはその団体は数が十分でない、というようなことが起これば、法律の守護者よりは国家の奉仕者のなかから選んだ補佐役をそれに加えればよいであろう。最後にこの法廷は、高位にあるいかなる人間に主宰されるのでもなく、その団体のなかから選ばれた、そして国会や連合のそれと同じくその団体がみずから選出する議長（一一九）によって主宰されることを私は望みたい。扱われる方法によってはきわめて厳格にも、またきわめて滑稽にもなりうるこの決議においては、個人の利害が影響力を持つことは、それほどまでにも避けねばならないことなのである。

この王の選挙と裁判の条項を終えるに当たって、諸君の習慣のなかのあることが非常に目障りで諸君の政体の精神にまったく反するように私には思われたと、ここで私は述べておかねばならない。それは王の死にさいして、政体がほとんどひっくり返され、無効にされ、まるでこの政体がその統治者にかくも依存しているので後者の死は前者の崩壊であるかのごとく、あらゆる法廷が中断され閉ざされるまでにいたるのが見られた、ということなのである。いやはや！　まさしくそれは反対でなければなるまい。すべては、彼がまだ生きているごとく進まねばなるまい。機械に一つの部品が欠けたことに、ほとんど気づかないようでなければなるまい。それほどにもその部品は、機械の堅固さにはほとんど本質的ではなかったのである。幸いにしてこの欠落は、何ものにも起因しない。それはもう存在しないだろう、と言いさえすればよいのだ。そしてその上、何も変更があってはならない。しかしこの奇妙な矛盾を存続させておいてはならない。というのも、もし現在の政体のなかにすでにそれがあるのなら、改革のあとではそれはいっそう大きなものとなるだろうからである。

〔一五〕　結論

以上が私の計画であって、粗描はこれで十分である。ここで私はやめることにする。採用される計画がどんなものであっても、ある民族が政体を確立しあるいは変革するあいだに陥る無力な状態と無政府状態に関して私が『社会契約論』のなかで述べたことを忘れてはならない。(一二〇)　この混乱と動揺の時期にあっては、民族はいかなる抵抗もできず、ほんのわずかの衝撃でもすべてを覆すことが可能なのだ。そこで、危険なくみずからに働きかけ、その政体を若返らすことができるような平穏な期間をどんな犠牲を払っても無駄にしないことが大切となる。諸君の政体においてなさるべき変更が、基本的なものでなく、またそれほど大きなものであると思われないとしても、それらはこうした注意を要求するのに十分だし、最良の改革でさえその効果を感じ、その産物であるべき堅固さをわがものとするためには、当然ある期間が必要となるのだ。問題となっている企てを考えてみることができるのは、その成功が連合派の勇気と彼らの大義の正当さに応じるものであると仮定する場合に限られる。ロシアの一兵でもポーランドにとどまるかぎり、諸君はけっして自由にはならぬだろう。そしてロシアが諸君のことに口をはさむかぎり、諸君はつねに自由でなくなるおそれがあろう。しかしもし諸君が、保護者と被保護者という関係ではもはやなく、強国同士として対等に諸君を扱うよう首尾よくロシアを強制することができたとしたら、そのときはトルコとの戦争（二二）が彼らを投げこんだ疲弊状態を利用して、彼らが混乱させにかかる前に諸君の仕事を果たすがよい。条約によって対外的に確保する安全を私は少しも評価しないのだが、しかしこの状況だけはたぶん、できるだけその支えにすがることを諸君に強いるものであろう。たとえそれが諸君と交渉する連中の現在の傾向を知るために他ならないとしても、である。しかしこの場合を除いては、そしてたぶん別の場合には若干の通商条約も除いて、空しい交渉で疲弊してはならないし、よその宮廷で大使や大臣として身を破滅させてはならない。その上、同盟や条約を大したものだと思わないがよい。そんなものはみな、キリスト教徒の列強を相手にしてはなんの役にも立たないのである。彼らは自分たちの利害以外の関係を知らないのだ。約束を果たすのに利益を見出せば、果たすだろう。それを破るのに利益を見出せば、彼らはそれを破るであろう。約束などはじめからまったくしないほうがいいくらいだ。せめてこの利害がつねに正しいのであれば、彼らのやるにふさわしいことを知って、まだしも彼らのやりそうなことが予見できようと言うものだが。だが彼らを導くのは、ほとんどけっして国家的理由などではないのである。それはある大臣、ある娘、ある寵臣の一時的な利害なのだ。彼らをあるときは真の利害に向かわせ、あるときはそれに背を向けさせるものは、人間のいかなる叡智も予見することができなかった動機なのである。いかなる定まった体系も持っていない連中、偶然の衝動のみによって行動する連中を相手にして、一体何について確信を持てるというのであろうか。宮廷の政治学ほど軽薄なものはない。それはいかなる確かな原則も持たないのであるから、そこからいかなる確実な結果もひきだすことはできないのだ。そしてあの君主の利害という結構な学説は、すべて分別ある人間を笑わせるあの児戯に等しいのである。

だから、同盟国も隣接諸国も信頼して頼ってはならない。諸君がわずかながら当てにできるものは一つしかない。それはトルコの大宰相《グラン・セニュール》であって、それを頼みとするためには何ものも惜しんではならない。彼の国家準則が他の列強のそれよりはるかに確かだからではない。そこでもやはり、すべては一人の大臣《ヴィズイール》、一人の寵姫、後宮の一つの陰謀にかかっているのだ。だがしかし、トルコの利害ははっきりしており単純であって、彼らにとっては万事が問題であり、そして一般にそこでは知識の光と明察ははるかに少ないのに、より多くの廉直さと良識が支配しているのである。彼らを相手にすればは、キリスト教徒の列強を相手にするよりは少なくとも次の利点がふえる。すなわち彼らは約束を履行することを好み、普通、条約を尊重するということである。彼らと、できるだけ効力がありかつできるだけ明瞭な条約を一つ、この先二十年にわたって結ぶよう心掛けねばならない。この条約は、もう一つの強国がその計画を隠しているかぎり、諸君が持ちうる最良の、たぶん唯一の保障となるであろう。そして現下の戦いがロシアをおそらく導くであろう状況のなかでは、諸君の仕事を安全に企てるにはそれで十分であるはずだと私は考えている。ヨーロッパ列強の、そしてとりわけ諸君に隣接する諸国の共通の利害は、諸君をつねに彼らとロシア人のあいだの障壁として残しておくことであって、狂気の沙汰をこれまで何度も取っかえ引っかえ重ねてきたのであるから、少なくとも何度かは彼らも賢明にならねばならないだけに、いっそうそうなのである。

　諸君が政体の改革にいそしんでも、一般的に嫉妬の眼で見られないということを、ある事実から私は信じざるをえない。それはその仕事が立法の、したがって自由の強化のみをめざしているからであり、この自由は、すべての宮廷で妄想家の錯乱とみなされており、国家を強めるよりは弱める方向に働くものと思われているからである。フランスがドイツとオランダの自由をいつも奨励してきたのはそのためであり、今日ロシアがスウェーデンの現下の政府に好意を示し、王の計画に全力をあげて反対しているのは（一二二）、そのためなのである。人間を判断するのに一般に自分自身とその取り巻き連を尺度として判断して、人間の心を知っていると信じこんでいるあのすべての偉い大臣方はみな、祖国への愛と美徳への高揚が自由な魂にどんなバネを与えることができるかを想像することは、とてもできはしない。たとえ共和国をばかにしたおかげで彼らが欺かれて、彼らの企ての内にことごとく予期せざる抵抗を見出したとしても、けっして彼らは偏見から目覚めることはないであろう。なぜならこの偏見は、彼らがみずからそれにふさわしいと感じているところの、そしてそれによって人類を評価しているところの軽蔑にもとづいているからである。ロシア人がポーランドでしたばかりのかなり心に残る経験にもかかわらず、彼らに意見を変えさせるものは何もあるまい。彼らは自由な人間を見るとき、彼ら自身をそう見なければならないような視点から、いつも見るだろう。すなわちただの二つの道具だけが、つまり金銭と笞刑だけが力を持つような、取るに足らない人間とみなすであろう。そこでポーランド共和国がその金庫を満たし、その財政を豊かにし、正規軍を立派に召集しようと努める代わりに、それどころかその軍を解散し、カネなしですませるのをもし彼らが眼にしたら、彼らはポーランドが弱体化しようと努力しているのだと信じるだろうし、それを征服するには好きなときにそこに出現しさえすればよいのだと確信して、心のなかではポーランドの仕事を笑いながら、心のゆくままに体制を整えさせてくれるであろう。そして自由の状態は国民から攻撃力を奪うこと、また私の提案する計画に従うなら征服のあらゆる望みは放棄しなければならないということは、認めねばならないのだ。しかし諸君の仕事が完成して、二十年後にロシア人が諸君を侵略しようとしたと思ってみるがよい。すると、他人の故郷を攻撃する術を知らず、金銭の値打ちなど忘れてしまったこれら争いを好まぬ人たちが自分たちの故郷を守るためにはどんな兵士になるか、彼らは知ることになるだろう。

ところで諸君があの残忍な主人から解放されたら、彼らが諸君に押しつけようとした王（一二三）に対していかなる寛大な態度もとらないように注意するがよい。彼がそれに値したとおり彼の首を刎ねさせるか、あるいは、まったく無効の最初の選出は考慮に入れず彼を新たに選出し直して、別の「協約（一二四）」を結び、それによって彼に高位職の任命権を放棄させるか、そのどちらかでなければならない。この第二の方策はたんにもっとも人間的なものであるばかりか、もっとも賢明なものでもある。そこにはある高潔な自尊の念といったものが見られるとさえ私には思われる。その自尊の念はたぶん諸君が別の選挙を行なった場合と同じくらい、ペテルブルグの宮廷を悔しがらせるものとなるであろう。ポニアトウスキはたしかに大いに罪を犯した。たぶん今日彼はもはや不幸であるにすぎない。少なくとも現在の状態にあっては、何にもまったく口をさしはさまないようにすることによって、彼はかなりしかるべく振舞っていると私には思われる。当然のことながら、心の底では残酷な主人どもを追放しようという欲望に彼は燃えているはずだ。彼を連合派のほうに追いやるには、たぶんある祖国愛の英雄心がつけ加わる必要があるであろう。だが、ポニアトフスキが英雄でないことはよく知られている。そもそも、彼は自由に振舞わさせてもらえないだろうし、かならず厳重な監視のもとに——何よりもまずロシア人に関して——置かれているということの他に、もし私が彼の立場にあったなら、どんな事情があってもそんな祖国愛を振りまわすことができるようになりたいとは思わないであろうということを、私は率直に表明しておこう。

なるほど、改革が成就したあかつきに必要なのは王ではないということは、私もよく承知している。しかし、改革を波風立てずに行なうために諸君に必要なのは、たぶん王なのである。もう八年、あるいは十年、彼をただ生かしておくがよい。そうすればそのとき、諸君の機構は軌道に乗り始め、いくつもの州がすでに「法律の守護者」で満たされているのであって、彼に似た後継者を彼に与える恐れを諸君が抱くことはなくなるであろう。だが私のほうでは、彼をただ罷免するだけではそこから先どうしていいかわからなくなり、諸君が新たな混乱に直面するのではないかと、それを恐れているのである。

しかしながら、王の自由な選挙が諸君をどんな窮境から救いだすにしても、それを考えるのは、その正しい手順に確信を持ててからにしなければならない。そしてまたそこに何らかの良識と何らかの名誉の感情、自国に対する何らかの愛情、自分の真の利害についての何らかの認識、そしてその利害に添おうとする何らかの要求を見出せると仮定した上でなければならない。というのはいつでも、そしてことに災禍によってやがてポーランドが陥ることになる嘆かわしい状況においては、政府のトップに裏切者を戴くくらいポーランドにとって致命的なことはないだろうからである。

問題となっている仕事にとりかかる仕方について言えば、ポーランドの諸法律に対してなされるべき変更に関してポーランド民族の不意を打ち、彼らをいわば欺くために提案されているような(一二五)煩瑣な議論のすべてを私は是認するわけにはいかない。ただ諸君の計画をそのすべての拡がりにおいて示す場合にだけ、私は以下のことに同意してもよいだろうと思う。すなわちその実施をいきなり開始して共和国を不平不満の士でいっぱいにしないこと、地位に就いている大部分の人をそのままその地位にとどめておくこと、新たな改革にもとづく職務は、それが空席になるのに従ってのみ授けるようにすること、である。けっして機構をあまりに唐突に揺るがしてはならない。いい計画がひとたび採用されれば、別の計画のもとで統治に参加したであろう人々の精神まで変わることを、私はいささかも疑わないのである。一挙に新たな市民を創出することはできないのであるから、現に存在する市民を有効に用いることから始めねばならない。そして、彼らの野心に新たな道を差しだすことは、彼らにその道に従う気を起こさせる手段なのである。

連合派の勇気と堅忍不抜の心意気にもかかわらず、そしてまた彼らの大義の正当さにもかかわらず、運命とすべての列強が彼らを見捨て、祖国をその抑圧者の手に引き渡したとしたら……。だが、私はポーランド人たる名誉を持たない者だ。そして、諸君がいま置かれているような状況にあっては、自分の実例をもって示す以外、見解を述べることは許されていないのである。

私はヴィロルスキ伯爵（一二六）が私に課された仕事を、私の力量に従って果たし終えたところである。熱をこめて、また同時に上首尾に果たされていれば幸いだ。たぶんこれはみな、幻想の山にすぎない。だが、それが私の考えなのだ。他の人たちの考えに似るところがあまりに少ないとしても、私が悪いのではない。それに、私の頭を別なふうに組織するのが私次第でできるというわけにはいかなかったのである。どんな奇矯な点がそこに見られるとしても、私の意図においては、この共和国の精神に従い、そしてその欠陥を正すために可能なかぎり少ない変更だけを提案しようと努めたのであるから、人間の心に本当に適したもの、とりわけポーランドにおいては役に立つ、実行可能なものを除いては、私としては何一つそこに見出すものはないのだとさえ、白状しておこう。このようなバネの上に組み立てられた統治は、できるかぎり真直ぐ、確実に、長く、その真の目的めざして歩むにちがいないと、私には思われる。人間のつくったものはすべて、人間同様不完全で一時的なものであって滅び去るものであるということを、その上、私は知らないわけではないのであるが。

それを正しく判断するのに十分な知識が私には欠けていると感じられる多くの非常に重要な条項を、私はわざと言わずにおいた。私より啓発され私以上に賢明な諸氏に、その仕事はお任せすることにする。そしてあまりにも長いあいだヴィロルスキ伯爵をこの長大な雑文におつき合いさせた失礼をお詫びすることによって、私はこれを終えようと思う。他の人たちとは異なる考えを持っているとは言え、私のほうが彼らより賢明だと自惚れているわけではないし、伯爵がその祖国に実際に役立つ何かを私の夢想の内に見出すと、得意になっているわけでもないのである。それどころかその繁栄に対する私の願いは、それに貢献しているという思い上がりが私の情熱につけ加わるには、あまりに真実、あまりに純粋、あまりに私心のないものなのだ。願わくは伯爵の祖国がその敵に勝利し、平和に、幸福に、また自由になり、なり続け、世界に偉大な鏡となり、そしてヴィロルスキ伯爵の祖国愛の仕事を有益に使うことによって、伯爵に似た幾多の市民をその胸奥に見出し、産み出しますように！

訳注

（一）ヌーシャテル版およびクラカウ版の二つの自筆原稿に見える正式の表題は、「ポーランドの統治とその企図された改革に関する諸考察」である。「企図された改革」とは、一七六八年、バールに結成された大「連合」に結集した勢力によって「企図された」の意である。（「連合《コンフェデラシオン》」の権利については、注（五三）参照）この反ロシア的愛国貴族による「バールの連合派」（注（二〇）参照）は、オスマン＝トルコ帝国をロシアとの開戦に導くよう画策する一方、ヴィロルスキ伯爵（注（三）参照）を大使としてパリに派遣し、政体改革案の起草をマブリ（注（四八）参照）、ルソーらの「専門家」に依頼した。しかし、本論文におけるルソーの意図は、その原表題が示すように、ポーランドの「立法者」になることでも、その「改革者」になることでもなく、「企図された改革」に関して、国家学の「専門家《エキスペール》」として「諸考察」を述べることに限られていた点に注意すべきである。

（二）ルソーの政治法律の用語法については、『社会契約論』をつねに頭に入れておく必要がある。もともと十七、十八世紀の自然法学者（グロティウス、プーフェンドルフ、ヴォルフら）が用いていたラテン語による用語を、バルベラックがフランス語に、ホッブズ、ロックが英語に移したのであったが、ルソーの用語法も当然それを継承して出発した。たとえばラテン語の「キヴィタス」は、フランス語では「市民社会《ソシエテ・シヴィル》」、「政治体《コール・ポリティク》」、「国家《エタ》」のいずれにも訳せたのである。ほぼ一七五四年から五六年にかけて書かれたと考えられる『不平等論』、『国家運営論』（本コレクションでは『政治経済論（統治論）』）、『ジュネーヴ草稿』においては、まだ決定的な定義を与えられていなかったその用語は（『ジュネーヴ草稿』の表題、副題を何度も書き直していることが、そのことを雄弁に物語っている）、しかし『社会契約論』で明確な定義を与えられるにいたった。そこで以下本訳文中の訳語についていちいち注記はしないが、共和国《レピュブリック》、政治体《コール・ポリティク》、国家《エタ》、主権者《スヴラン》の別について、また、国民《プープル》（または人民）、市民《シトワイヤン》、被治者《スュジェ》（または臣民）の別については、ともに、『社会契約論』第一篇第六章の末尾を、とくに共和国《レピュブリック》に関しては、同第二篇第六章（「すべて法律によって統治される国を、その統治形態がどんなものであっても、私は共和国《レピュブリック》と呼ぶ……」）を、統治《グーヴェルヌマン》（または政府）（「政府《グーヴェルヌマン》とは何か。それは被治者と主権者のあいだに設けられ、相互の連絡に当たり、法律の執行と、社会的ならびに国家的自由の維持を委託された中間団体である……」）、行政官《マジストラ》（または為政者）、統治者《プランス》（または君主）の別については、同第三篇第一、二章を、それぞれ参照する必要がある。そして研究者には、ドラテの学位論文『ルソーとその時代の政治学』の付録「用語の諸問題と基本的諸概念」の参照が便宜を与えよう。

（三）ヴィロルスキが個人的に作成し、ルソーが眼にしていたであろう「ポーランド統治の図」に関しては、資料未発見である。

ヴィロルスキはリトアニア出身の貴族、ミシェル・ヴィロルスキ。当時四十歳くらい。一七六八—七四年の露土戦争のさい、「連合派」とフランス外交筋との調停役を果たした愛国者。一七七〇年から七五年にかけてパリに滞在した。ヴィロルスキの発音表記は、ルソーがそう呼んでいたであろう表記、すなわち、フランス語読みの表記にした。なお、本論文執筆に当たりルソーがヴィロルスキから与えられていた情報のなかで、もっとも注目すべきテキストであるマブリのポーランド統治に関する論考については、注（四八）参照のこと。

（四）『社会契約編』第三篇第一〇、一一章で「政治体の死滅について」考察したルソーの眼には、ポーランドの無政府状態が「衆愚政治《オクロクラシイ》」にも「寡頭政治《オリガルシイ》」にもいたらないのが「奇矯な光景」に見えざるをえないのである。

（五）ロシアをさす。軍事力を背景としたロシアの干渉は、一七三三年、アウグスト三世をポーランド王に擁立して以来いっそう強まり、一七六八年には女帝エカテリーナの愛人、スタニスラス＝アウグスト・ポニアトフスキ（ボニアツス、一七三二—九八）をその後継者として選出させるにいたっていた。ポニアトフスキについてはファーブルの学位論文参照。

（六）「円積法」とは円と等積の正方形をつくること。作図不能問題。一七六七年七月二十六日付の名高いミラボー宛書簡に同様の表現が見られる。

（七）全「章」が最初の一文からスパルタ、ローマ崇拝者ルソーの調子で貫かれている。

（八）モーゼはイスラエルの解放者、立法者。リュクルゴスはスパルタの伝説的な立法者。ヌマは、ヌマ・ポンピリウス（前七一五頃—六七二）。ローマ第二代の王。

（九）ポーランド国民とユダヤの民との類比は、ポーランドのメシヤ主義に連なる点に注意。

（一〇）全八世紀のローマの建国者。初代の王。

（一一）『社会契約論』第四篇第八章をさすのであろう。

（一二）断るまでもなく、『イリアッド』『オデュッセイア』の作者とされるギリシアの大叙事詩人。

（一三）ほぼ前五世紀のギリシア三大悲劇詩人。

（一四）ルソーの嫌悪が収税人に対して取らせた表現。『告白』第四巻に出てくる名高い逸話を想起させる。

（一五）当時のポーランドは、大ポーランド、小ポーランド、リトアニア公領の三つに大きく分かれ、三十三の「パラチナ」と呼ばれる州からなり、七十三万平方キロの国土を有していた。人口については注（一八）参照のこと。

（一六）エカテリーナのロシア、マリア・テレジアのハンガリー（神聖ローマ帝国）、フリードリヒ大王のプロシア、それにオスマン＝トルコ帝国である。

（一七）ポーランド人の「勇気」はヴォルテールからリュリエールまで、衆目の一致して認めるところであった。

（一八）当時のポーランドの人口は、同時代の歴史家によれば六百万人から千四百万人まで諸説あったが、現在では一千万人あまりであったとされている。

（一九）ポーランドの状況を一般的に述べる場合、ペシミスティクな方向への傾斜がルソーには見られる。

（二〇）一七六八年、反ロシア的貴族がバールに集結してつくった「連合」勢力（「バールの連合派」）をさす。トルコの対ロシア開戦を利してポーランドの独立強化を謀ったが、七一年のトルコの敗戦で打撃を受けた。宗教的にはカトリックのこの「連合派」は、マリアとイエスを描いた旗をつくり、中世十字軍士のように、衣服には十字架を刺繍し、宗教と自由のために、を合言葉に立ちあがった。すなわちこの騒擾には宗教的要素が介在している。当時ポーランドには少なからぬギリシア正教徒、新教徒がいたが、支配的なカトリック派は彼らを抑圧していた。これら「離教派《ディシダン》」の問題、つまりポーランドにおけるカトリックの「狂信」の問題が、むしろヨーロッパ思想界の関心の的となっていた。事実、「離教派《ディシダン》」の利益擁護がエカテリーナの侵略の口実となったのであり、大方の哲学者《フィロゾフ》たちは事態を政治的な視角からよりは、宗教的寛容の問題としてとらえていた。（ヴォルテールにいたっては、女帝の「武器を手にした寛容政策」をかなり後までナイーブに信じこみ、のちに苦い思いを味わわされることとなる。）ヴォルテールを中心とするこうしたイデオロギー上の闘争に介入することを慎重に（彼の原則から）避け、もっぱら（広い意味で）政治的に論じたルソーの態度は際立っている。詳しくはロルトラリの学位論文『十八世紀フランスにおけるロシアの幻影』参照のこと。

（二一）　プルタルコスの報告するスパルタの軍人ブラシダス（前四二二年没）に関する逸話。この話は『不平等論』第二部にも見られる。

（二二）　リディア（小アジアの一地方）最後の王（存位前五六〇―五四六）。その富で名高い。

（二三）　一七七〇年秋、「連合派」がロシア軍からある要塞を奪取した事件をさすらしい。この勝利はルソーに大きな希望を抱かせたらしく、早速ヴィロルスキに祝福の手紙を書き次のように述べている。「絶望することなく、自由と祖国のために戦い、打ち負かす術を心得ている勇敢なポーランド人よ！　あなたがたはヨーロッパにとって一つの鏡となっています。そしていつの日かその栄光となるであろうと私は思います。」（リー編纂『書簡全集』第三十八巻、CC6796、一七七〇年九月末執筆）ポーランドの成り行きを注視しているルソーに注意。

（二四）　一七七〇年十一月末、国会開催中にロシアの元師レプニンに連れ去られた五人の国会議員をさすらしい。レプニンはスタニスラス＝アウグスト・ポニアトフスキをポーランド王に選出させるべく画策した中心人物。あらゆる機会をとらえて王を侮辱し、「連合派」を挑発する行動をとった。

（二五）　十八世紀のヨーロッパは「フランス的ヨーロッパ」であった。

（二六）　ヴォルテールが大いに持ち上げたピョートル大帝とその「模倣の天分」をさす。『社会契約論』第二篇第八章を参照のこと。

（二七）　キケロの「人が幸福なる処、彼の祖国あり」をひっくり返したもの。ヴォルテールは『百科全書に関する疑問』の「祖国」の項の第三部でこの言葉の出典をエウリピデスとしているが、それは誤り。

（二八）　共和国にふさわしく、また必要なスペクタクルについては『ダランベール氏への手紙』の末尾ですでに言及されている。

（二九）　勝利をもたらした将軍に褒賞を与える儀式のこと。

（三〇） 古代ローマで、束桿を持って高官にともなう官吏を言う。

（三一） エペルノン公爵（一五五四―一六四二）はフランスの貴族。アンリ三世の寵臣。スュリ公爵（一五六〇―一六四一）もフランスの貴族。アンリ四世の宰相として名高い。なお、ポーランド、特にリトアニアでは、こうした大貴族の遭遇時の供回り同士の喧嘩は日常茶飯事だったらしい。

（三二） ポーランドにおける民族衣装の後退、服装におけるフランス心酔の大方の責任は、当時の年代記作家によれば、女性の態度に帰せられていたらしい。

（三三） アンシャン・レジームにおける学院《コレージュ》とは、大学《ユニベルシテ》の下に位置する中等教育機関。十七世紀にはイエズス会がほとんど独占していたが、その後オラトリオ会との競合状態に入り、それは、一七六二年のパリ高等法院によるイエズス会禁圧まで続く。ちなみに六二年にイエズス会が所有していた学院の数は、ヴォルテールらが学んだ名だたるルイ・ル・グラン学院をはじめとして一三〇に上った。六二年から九三年まではその経営は事実上オラトリオ会の独占するところとなる。学院では、ラテン語、修辞学、詩、劇が主要な科目だった。スニデールの学位論文『十七、十八世紀フランスの教育』に詳しい。

（三四） 大貴族の子弟しか入学を認められなかった「貴族の学院」（アカデミー）が当時ポーランドで創設されたことをルソーは知っていたのであろう。

（三五） 『エミール』第二篇に、「最初の教育は、純粋に消極的なものでなければならない、それは美徳を教えることにでも、真実を教えることにでもなく、心を悪徳から、そして精神を誤謬から守ることにある……」という有名な言葉がある。

（三六） 『社会契約論』第三篇第三章（「民主政は小国に適し……」）、同第八章（「民主政は小さな貧しい国家に適する」）参照。

（三七） 当時のポーランドの三地方については注（一五）参照。

（三八） 当時のポーランドの論者たちの、主権の観点から見た一般的な階級分類は、ここにルソーが指摘するとおりである。すなわち、一千万人の国民のうち、ほぼ十万人の貴族が都市に住居を持ち、都市近郊に土地を持つ都市民――そのなかでも商工業を握るのはユダヤ人と外国人であった――と、土地に縛られ領土に従属した人口の八割を占める農民（農奴）を支配していた。そして貴族は、選挙による一人の王、王の任命による終身制の元老、それに騎士階級に分類された。

（三九）当時の政体を知らないと、以下の文脈は特に理解しがたい。

三十三の州《パラチナ》にはそれぞれ州行政長官《パラタン》と州議会《ディエティンヌ》があり、元老が州行政長官となり、騎士階級が州議会を構成していた。州議会からはその代表として国会議員《ノーンス》が選出され（国会議員は州議会で受けた指示に従い、そこから逸脱してはならないという意味での代表である）、元老の集まり（元老院《セナ》）とともに国会《ディエット》を構成し、王と立法権を分け持っていたのである。したがって、ポーランド国会は、州議会を代表する国会議員の院《シャーンブル・デ・ノーンス》と元老院の二院制と考えられ、以下の論述でも、英国議会の下院《シャーンブル・バース》、上院《シャーンブル・オート》と形式上対応したものとして、しばしば後者が言及される。

（四〇）こうした自由に関する警句はルソーに親しいものである。とりあえずは『社会契約論』第三篇第八章の冒頭を参照のこと。

（四一）一七六八年以来、ギリシア正教の司教らの煽動によってポーランドのウクライナ諸地方に起こった農民反乱をさしているらしい。

（四二）「法律の数をふやせばふやすほど、あなたがたはいっそうそれを軽蔑すべきものにしてしまう。」（『国家運営論』本コレクション『政治経済論（統治論）』）、「すべての国民のなかでもっとも誤った国民は、と問われたら、私は躊躇することなく、それは法律をもっとも多く有する国民である、と答えるであろう。」（断章『法について』）

（四三）『社会契約論』第三篇第一〇章で「国家の解体」に関してルソーが定立した原則に反して、すなわち、統治者《プランス》が主権を簒奪することなく、主権がみずから麻痺した状態であるがゆえに、「考察に値する」のである。

（四四）国民が主権者に課す協定書（＝協約《パクタ・コンベンタ》）の起源は十四世紀にさかのぼるが、事実上主権を制限する強制的性格を帯びたのは、十六世紀後半、ヘンリク王（フランス名、ヴァロア家のアンリ）以来のこととされる。新たに選出された王は、パクタ・コンベンタの名で総称される国の基本法の遵守を誓約させられたので、王の選挙は王権を制限する絶好の機会となっていた。

（四五）一七七一年二月、スウェーデン王アドルフ゠フレデリック死去、息子がグスタフ三世として即位（三月一日）、一七七二年八月、無血クーデター……と続く歴史的文脈がある。

この個所でのルソーのスウェーデンへの言及が何をさすかは、本論文執筆年代確定の問題と密接に関係する。従来、七二年のクーデターへの言及だとされてきた（すると執筆はそれ以降ということになる）が、ヴォーンはそれを、グスタフ三世即位後の、戴冠の誓約をめぐる王と諸州との確執（七一年七月―七二年二月）をさすとした。故ファーブルはさらにさかのぼって、アドルフ゠フレデリック死去前後一年ほどの、グスタフのショワズールとの協商、グスタフのスウェーデン改革の意図をめぐる動きをルソーが知っていての発言ととっている。なおルソーは七〇年二月、即位直前のパリのグスタフ邸で『告白』の公開朗読を行なっている。

（四六）国家の解体の、予想される第二の場合である。『社会契約論』第三篇一〇章参照。

（四七）同前、第三篇第一八章参照。

（四八）提議者はマブリ（ガブリエル・ボノ・ド・マブリ、通称マブリ師、一七〇九―八五、コンディヤックの兄）である。

ルソーより早くヴィロルスキから改革案の依頼を受けたマブリは、『ポーランドの統治とその法について。ヴィロルスキ伯爵へ』なる論を著わしたが、死後四年を経た一七八九年、ロンドンで刊行された全集の第八巻に収められてはじめて世に出た。この著作は二部からなり、第一部は一七七〇年八月三十一日付、第二部は翌七一年七月九日付と、作成の日付がはっきり記されている。ヴォーンは、この第一部こそ、ルソーが『統治論』の執筆に当たってつねに参照し、批判の対象としていたものであり、それに対し第二部は、ルソーの『統治論』に対する逆批判として書かれたものであろうとしたが、近年、ルーアン市立図書館から、この刊本第一部に相当する自筆草稿が発見されるに及び、この説が裏づけられた。その草稿の表題は、『ポーランド統治に関する諸観察』となっており、ヴィロルスキがルソーに与えた情報のうち、マブリのテキストの原形（ないしはテキストそのもの？）と考えられる。そこで、本論文を読むとき、マブリの論考をルソーがつねに意識していたことに注意すべきであり、研究者には、両テキストを校合することが、不可欠の操作として課されよう。

（四九）シャルル゠イレネ・カステル、通称サン゠ピエール師（一六五八―一七四三）。『永久平和論』（一七一三）、

『ポリシノディ論』（一七一八）などの著者。ルソーは、マブリとデュパン夫人の仲介で師の全著作の編集を師の家族から依頼されたが（一七五四）、結局上記二著作の抜粋および批判を書くにとどまった。

（五〇）ポーランドに固有の制度の一つ。国会の構成員の一人でも反対すると、議決は効力を有しないという拒否権の慣用は十七世紀中葉にさかのぼる。

（五一）『社会契約論』第三篇第一二、一三章に説かれている。

（五二）同第三篇第一五章で、ルソーは代議制を断罪してこう述べている。「……人民は代表者を持つやいなや、もはや自由ではなくなる。もはや人民は存在しなくなるのである。」

（五三）「自由拒否権《リベルム・ヴェート》」と並ぶ特異な制度として「連合《コンフェデラシオン》」の権利があった。ヴェートを行使した同意見の州が「連合」を結成し、その構成員は固有の誓約で結ばれ、全行政権力を自由にできた。すなわちポーランドにおいては、叛乱が合法的な形態をとりえたのである。この個所で「自由拒否権」をではなく、州議会を礼賛するルソーは、当時の論者たちと著しい対照をなしている。

（五四）国会で討議すべき内容が特定されていた。

（五五）「マレシャル」はもともとは「元師」の意である。州議会議長をこう呼んだものか。

（五六）当時国会は二年ごとに召集されていた。のちに一七八八年の国会が永続国会を宣したことがある。二年経ち、一七九〇年、新たな選挙を行ない、定員を倍にしたことから「大国会」と呼ばれた。

（五七）特に、第二篇第一、二、四章、第三篇第一五章を参照のこと。

（五八）ラドム（ワルシャワの南約百キロの都市）の「裁判所《ディカステール》」と呼ばれる一種の会計検査院は、国会によって指名される元老と、通常、報告州議会によって選出される監査役《コミセール》により、構成されていた。また、ポーランドの最高裁に当たるのは、トリビュナルと呼ばれる破毀院で、秋冬はピオトルコワ、春夏はルブリンに置かれており、地方法廷の「地上の《テレストル》」判決は、ここの判決に従った。トリビュナルの「デピュテ」（代表の意）とは、最高裁判事に相当するものか。

（五九）正規の手続きを経て選出されたことを示す各州発行の証明書。

（六〇）州議会議長の場合と同様、「マレシャル」は国会議長の意か。注（五五）参照。

（六一）一七六一年イギリス下院議員だったジョン・ウィルクス（一七二一―九七）は、三年後、政府に対し行なったパンフレット攻撃の結果、議員職を追われた。亡命、帰国ののち、六八年、禁固二十二か月の判決。入獄中再選、しかし無効となり、六九年、再選されると、選出不能、下院永久排除を宣告される。（ここまでがルソーの言う「最近起こったこと」である。）一七七一年州執政長官、七四年ロンドン市長となり、八一年に四度目の議員に選出されると、だれも抗議しなかった。

（六二）『山からの手紙』（第九の手紙）参照。ルソーはそこでウィルクスと自分とを比較対照している。（白水社版全集、第八巻、四二七頁）

（六三）貴族の末裔が国家の職に就くために登録しなければならない台帳をさす。

（六四）一七六八年国会以来元老院の構成員は一五三人であり、これは六十四の州議会で選出される代表（国会議員）のほぼ三分の一に当たっていた。

（六五）『社会契約論』第二篇第三章に、「……一般意志が十分に表明されるためには、おのおのの市民が自分だけに従って意見を述べることが必要である」とある。

（六六）同前、第三篇第一四章で、「ローマの民会で起こった騒ぎ」にふれている。

（六七）カステランは、もともと城砦や都市の司令官をさし、行政長官の代理官格と考えられる。王室直領地《スタロスティ》を預かる領主《スタロスト》同様、王が任命権を持つ。
　元老院《セナ》の構成は、十七名の聖職者元老（第一階級）、三十八名の第二階級（三十四名の行政長官《バラタン》、三名の要塞司令官《カステラン》――クラカウ、ヴィルノ、トロキの各司令官、それにザモシチの領主《スタロスト》）、三十四名の一等要塞司令官（第三階級）、五十名の二等要塞司令官（第四階級）、および十四名の国家大臣（第五階級）の、都合百五十三名である。注（六四）参照。ルソーはこのうち、第三階級の三十四名の要塞司令官を元老院からはずすように提案しているのである。

（六八）ポロックとヴィテブスクの行政長官職はともに十六世紀初頭の創設。ザモシチの領主《スタロスト》は、一種の行政長官で、十六世紀中葉以来元老院に席を有した。これら三顕職は、王が授けたが、国民議会と州議会とで推薦された上ででなければならなかった。

（六九）　注（六七）参照。
（七〇）　提案者はマブリである。注（四八）参照。
（七一）『社会契約論』第四篇第二、四の各章参照のこと。
（七二）　注（六〇）参照。
（七三）『社会契約論』第三篇第六章冒頭および第七章冒頭（「……人民政府でも一人の首長を必要とする」）参照。
（七四）　ポーランド首座大司教であるグニュズの大司教はポーランド政体で重要な役割を果たした。選挙国会を召集し、王、王妃の戴冠をとり行なったのである。
（七五）　提案者はマブリである。「この提案が、最初はどんなに不快なものに見えようとも」マブリはその考えにはなはだ執着した。ルソーは本論文でそれに厳しく反論する。それに対しマブリはさらに、彼の論考第二部で応酬している。注（四八）参照。
（七六）　一七六六年、デンマーク、ノルウェー王となったクリスチャン七世（一七四九―一八〇八）は、六八年クーデターを起こしてベルンシュトルフ（一七一二―七二）を追放、寵臣ストルエンセ（一七三七―七二）を起用、七〇年には王国顧問会議を廃止し、私的な顧問会議を置いた。イギリスでは、ウィルクス事件の新展開（注（六一）参照）、ジョージ三世（一七三八―一八二〇）の威嚇的議会対策。スウェーデンについては、一七七〇年初頭パリ滞在中のグスタフ（のちのグスタフ三世）による、王の大権再確立のためのクーデターの前駆症状がある。注（四五）参照。
（七七）　世襲の原則の承認と引きかえに、議会と大選帝侯が神聖ローマ帝国皇帝に課した協定条件書は、一五一九年以来、諸国の独立を保障していた。しかしカルル六世（在位一七一一―四〇）がハプスブルク家の財産を相続し、兄ヨーゼフ一世（在位一七〇五―一一）の娘の利益を顧ず皇帝に選出されたさい（一七一一）、諸国家は新たな保障を得た。カルル六世が死ぬと、ヨーゼフ一世の女婿の一人がカルル七世の名で皇帝に選ばれた（在位一七四二―四五）。
（七八）　高官のお雇いの私兵は、ときに数千人に上ったらしい。
（七九）　この部分、『社会契約論』第四篇第二章を参照のこと。

（八〇）一七六七年十月五日に開会され、中断をはさんで翌六八年三月五日閉会したワルシャワ特別国会の基本第一条は、ポーランド共和国は王、元老院、騎士階級から構成されること、第五条は、王の選挙は満場一致で、かつ王位の世襲は排すべきこと、第九条は、王位と大公領の一体化、第一一条は、民族の政治体、スツラシュタの平等と特権の保障を、それぞれ規定していた。

（八一）『社会契約論』第一篇第七章参照。

（八二）プレイヤード版では「提　案《プロポジシオン》」となっているが、それでは文章が通らない。スイユ版の「（票数の）割合《プロポルシオン》」を採用する。

（八三）『社会契約論』第四篇第二章参照。

（八四）マブリに対する批判。注（四八）参照。

（八五）注（六〇）参照

（八六）王権および大公領の最上級裁判所は上級審を扱い、死罪を決するのに対し、下級審である「地上の《テレストル》」裁判所は、第一審として、不動産帰属に関する民事訴訟を扱った。

（八七）ユスティニアヌス一世（四八二—五六五）。東ローマ帝国皇帝（在位五二七—五六五）。その法典は名高い。

（八八）ジュネーヴ共和国には、市　民《シトワイヤン》と町　人《ブルジョワ》全体からなる市民総会（大評議会）と、二十五名からなる小評議会とがあり、後者が権力を握っていた。

（八九）ポーランドの法律は長子相続権（長子権）を認めないので、高官は国会から世襲財産を組織する許可を得ていた。十八世紀には、こうした世襲財産帰属の問題が国事よりもはるかに有力家系の関心を占めていたらしい。

（九〇）エピロス王ピロス（前三一八—二七二）。南イタリアに遠征し、ヘラクレイアで勝利したが（前二八〇年。象を使ったこの血なまぐさい戦闘から「ピロス流勝利」なる表現が生まれた）、ベネヴェンツムでローマ人に敗れた（前二七五年）。ピロスに関する逸話はプルタルコスがその『英雄伝』に書き残している。

（九一）自己自足と幸福の概念がルソーにおいて緊密に結びついている点は、『社会契約論』第二篇第一〇章参照。

（九二）多くの重農主義的な情報が与えられていたと考えられる。

（九三）この条項について、ヴィロルスキが何か論じていたのであろう。

（九四）　ベルンの行政とその大法官の振舞に関して、好ましくない情報をルソーは得ていたものと思われる。
（九五）　注（八）参照。
（九六）　ヴォルテール『哲学書簡』（一七三四）以来のイギリスに関する常套句に、ルソー個人の英国体験を対置していることに注意。
（九七）　ギニーはイギリスの旧金貨。二十一シリングに担当する。
（九八）　『社会契約論』第三篇第九章最終パラグラフ参照。
（九九）　一七四〇年から一年ほどルソーはリヨンのマブリ家で家庭教師職についたことがある。
（一〇〇）　モンテスキュー（シャルル＝ルイ・スゴンダ、一六八九―一七五五）は、『法の精神』（一七四八）の著者。その第一三篇第一四章に、「人頭税は奴隷の身分に自然なものだ。商品課税は、自由にもっとも自然なものである」とある。

（一〇一）　当時ジュネーヴには、シトワイヤン（市民）、ブルジョワ（町民）、アビタン（居住民）、ナティフ（出生民）、スュジェ（隷属民）の五階級が区別されていた。

（一〇二）　ヴォーバン（セパスチャン・ル・プレストル、一六三三―一七〇七）はフランスの軍人、技師、経済学者。その『国王十分の一税計画』（一七〇七）のなかで、人頭税その他をすべて廃止、それに代わって唯一の画一的な全階級が払うべき「国王十分の一税」なるものを提案した。これは、収穫の十分の一を徴集する土地課税と、通商産業に対する課税の二つからなる。無許可で出版されたこの著作は、ヴォーバンの死の直前、差し押えられた。サン＝ピエール師については、注（四九）参照。

（一〇三）　ところが従来の改革案はみな、このルソーの言う「模倣」をめざしていたらしい。

（一〇四）　マブリによれば、ヴィロルスキは各村から一名の兵士を出させる方法で三万から四万人の歩兵隊をつくる案を持っていたらしい。

（一〇五）　ソルはスーに同じ。二十分の一リーヴルに相当。

（一〇六）　注（八八）、（一〇一）参照。

（一〇七）　ガイウス・マリウス（前一五七―八六）。ローマの将軍。

（一〇八）　スラ（前一三八―七八）、ポンペイウス（前一〇六―四八）、カエサル（前一〇一―四四）は、ローマの将軍、政治家。スラはマリウスのライヴァル、前八六年執政官となった。ポンペイウスはマリウスに対抗、スラを支持した。前六〇年、クラッスス、カエサルとともに第一回三頭政治を行なう。ポンペイウスは前五四年以来カエサルと敵対。前四八年ファルサロスで敗れた。カエサルは、ポンペイウスを敗ったのち、前四四年、独裁・終身執政官となり、インペラトルの称号を用いた。

（一〇九）　キリット（ラテン語のキリス、キリティス）という名称は、平時に軍に集合したローマ市民に用いられた。この部分、出典はスエトニウス「カエサル伝」XX、また、タキトゥス「年代記」I - 42。

（一一〇）　パルチアはカスピ海東南にあったスキタイ人の国。ヒルカニア（古代ペルシアの一地方）に定住し、前二五〇年頃強力な王国をつくり、前二二四年まで続いた。パルチアの騎兵は、逃げると見せかけて肩越しに矢を放ち追跡者を倒す戦法で知られた。

（一一一）　アントニウス（前八三―三〇）はローマの将軍。前四三年、オクタヴィアヌス、レピドゥスとともに第二回三頭政治を行なったが、前三一年アクチウムの海戦でオクタヴィアヌスに敗れた。クラッスス（前一一五―五三）は前七〇年、ポンペイウスとともに執政官となり、カエサル、ポンペイウスとともに第一回三頭政治を行なった。

（一一二）　テミストクレス（前五二五―四六〇）はアテナイの将軍。造艦計画を立て、ピレウス軍港を建設するなど、アテナイ人の活動を海に向けた。

（一一三）　注（五八）参照。

（一一四）　注（三三）参照。

（一一五）　注（三九）および（六七）参照。

（一一六）　他のヨーロッパ諸国と同様、ポーランドでも当時、国民教育とともに貧民救済は聖職者の仕事であった。ところで、ポーランドの聖職者の三悪として、怠惰、無知、飲酒癖があげられていたらしい。

（一一七）　選挙と摂政制の二者択一、その不都合が、『社会契約論』第三篇第六章で論じられている。

（一一八）　注（六七）参照。

（一一九）　注（六〇）参照。

（一二〇）『社会契約論』第二篇第一〇章参照。

（一二一）　第一次露土戦争（一七六八―七四）。オスマントルコ帝国とエカテリーナの開戦、ポーランド「連合派」の反乱は、ショワズールによるフランス外交政策と密接な関係があった。注（一）参照。

（一二二）　スウェーデン王グスタフ三世即位時の、諸州との対立をさす。注（四五）参照。

（一二三）　スタニスラス＝アウグスト・ポニアトフスキをさす。注（五）参照。

（一二四）　注（四四）参照。

（一二五）　提案者はマブリである。注（四八）参照。

（一二六）　注（三）参照。

解説　一国をどのように改革するか——政治の現場におけるルソー

川出　良枝

当代きっての思想家に、一国の統治のアドバイスを求める。それも、国制の根幹に関わる部分についての大胆な改革案の策定を求める。当時の言葉を用いるなら、その国の「立法者」となることを依頼する。ルソーの『コルシカ国制案』と『ポーランド統治論』は、いずれもそのような経緯で成立した作品である。

立法者という観念は、今日では少々現実離れした印象を与えるかもしれないが、初期近代の理論家にとって、自らの理論的営為を現実政治の実践と架橋する媒介項が立法者であり、また、その提言に根拠を与えるのが立法者の学であった。マキアヴェッリの『君主論』、ハリントンの『オセアナ共和国』、フェヌロンの『テレマックの冒険』、D・ヒュームの「完全な共和国についての設計案」(『政治論集』)など、叙述の形式、書かれた経緯、また提言される国家像にはちがいがあれども、いずれも立法者による国制案を示す作品群である。また、立法者の学とはいかなるものであるべきかという関心は、モンテスキューやアダム・スミス、エルヴェシウスやベンサムなどにも幅広く共有されていた。こうした並み居る立法者群と比較して立法者ルソーにはどういう特質がみられるのだろうか。後にゆっくりと検討するとして、まずは、ルソーがそもそもどのような経緯で、コルシカおよびポーランドに統治案を提供するに至ったのかを確認していこう。

コルシカ新体制についての提言

『コルシカ国制案』の舞台となるコルシカ島は、十四世紀以降、地中海交易の拠点にして貴族政を敷く共和国ジェノヴァの支配下にあった。十八世紀になるとジェノヴァからの独立運動が活発化する。一七五五年に独立軍の総司令官となったパスクワレ・パオリは、男子普通選挙による立法府と権力分立を備えた新体制の確立を宣言し、反乱をさらに押し進め、一時はジェノヴァ軍の放逐に成功する。パオリは、かつてナポリで教育を受け、マキアヴェッリや古代ローマの文献に精通し、またモンテスキューにも関心を抱いていたという。一七五八年にはパオリの盟友グレゴリオ・サルヴィニが、独立運動を擁護する作品を刊行する（『コルシカ革命の擁護』）。これを編集し、仏語訳されたものが六〇年に出版されると（*Mémoire apologétique au sujet de la dernière révolution de l'isle de Corse*）、自由を求めて闘うコルシカ人民というイメージは、仏・英・伊に急速に伝播する。『社会契約論』の第二編第一〇章の末尾で、ルソーがヨーロッパに立法が可能な国が一つあり、それがコルシカ島であるという熱い讃辞を書き記した背景にはこうした事情があった。

この一文がきっかけとなり、一七六四年にコルシカ出身のフランス軍人マテオ（マチュー）・ビュタフォコはルソーに書簡を送り、多くの犠牲を払って獲得したコルシカの自由をこの先も保持する手段を与えてほしいと懇願する。実のところ、ビュタフォコは、コルシカ領有をもくろむフランスの外務大臣ショワズールと密かに通じていたとも言われ、ルソーへの依頼の真意は謎とされる。ともかくも、ルソーはビュタフォコの要請に応じ、訪れたことのないコルシカの地理や産業や人口動態、法・行政・歴史についての細かな資料の提供を依頼し、六四年から翌年にかけてコルシカにふさわしい統治案の策定を試みた。だが、この試みは未完に終わる。一七六八年には、ショワズールの思惑通り、コルシカ島は密約によってジェノヴァからフランスに売却され、翌年パオリの共和国はフランス軍に制圧された。ルソーが未完の著作を完成する意欲を失ったとしても不思議ではない。草稿が刊行されたのは、第二帝政下のフランスにおいてである。その際、編者（Georges Streckeisen-Moultou）により「コルシカ国制（＝憲法）案」（*Projet de constitution pour la Corse*, 1861）という標題が付された。

ところで、この標題は従来は『憲法草案』と訳されていたが、今回、作品の内容を考慮して『国制案』に改めた。英仏語のコンスティテューションは多義的な語で、もともとは人間や事物や政治秩序の自然的構造という意味をもち、十八世紀にはモンテスキューの『法の精神』におけるイングランド国制論（constitution d'Angleterre）にみられるように、国家秩序の基本構造、あるいは体制や政体を示す語として用いられた。『コルシカ国制案』におけるルソーの用法もこれに近いものである（三四頁では「体制の設立」と訳されている）。こうした用法の延長線上で、成文憲法、すなわち国家の統治の基本を定めるために制定された法典という意味をもつに至る。その画期となったのが、アメリカ合衆国憲法の起草（一七八七年）であった。この用法が広く共有されるようになったのはそれ以降とみてよい。こういった事情を考えると、特に日本の一般読者の語感からして、憲法草案という訳は、まだアメリカの独立も実現していない時期に書かれた作品の標題としてはやや時期尚早で、誤解を招きかねない。この訳語については、木崎喜代治（『コルシカ憲法草案』（未来社、一九七九年）、遅塚忠躬（『ルソー全集』第五巻、白水社、一九七九年）の両訳者も疑義を表明されている。そもそもこれはルソーのつけた標題ではなく、独自のタイトルをつけることも考えたが、原題は欧米でも既に定着しているため、訳の修正にとどめた。

ポーランド統治についての助言

ルソーの最後の政治的著作と言える『ポーランド統治論』もまた、依頼されて書かれた論考である。依頼者は、ポーランド貴族のミハウ・ヴィエルホルスキ伯爵（フランス語風に読めばミシェル・ヴィロルスキ）であった。伯爵がこうした依頼を行った背景には、ポーランドの置かれた切迫した政治状況があった。十六世紀末以降、ポーランドは、貴族身分（シュラフタ）が国王を選出し、身分制議会を通して実質的な国政の担い手となる選挙王政による貴族政国家であった。当初、王国領内には、多民族、多宗教が共存し、自治的な権利を認められていたが、人口の約一割をしめたシュラフタは対抗宗教改革の流れの中で、ポーランド人としての民族意識とカトリック信仰を結びあわせ、非カトリック教徒への圧迫を強めた。これは、ポーランド領有をもくろむ周辺の列強（ロシア、プロイセン、オーストリア等）に、信徒（ロシア正教徒や新教徒）の保護という介入の口実を与える一因ともなった。エカチェリーナ二世の率いる大国ロシアが、影響下にある人物をポーランド王として選出させるという露骨な内政干渉を続けたため、一七六八年にシュラフタを中核としてバール連合が結成され、王やその背後に控えるロシアに対し、武装蜂起を開始する。（ここでいう連合（連盟）とは、ポーランドに特有の制度であり、その詳細については、注（二〇）（五三）を参照されたい）。

緊迫した情勢の中で、ヴィエルホルスキは、バール連合派の密使としてパリに送り込まれ、ショワズールに対し、フランスと連合派の間での対ロシア同盟結成を働きかけた。また、フランス人の間にバール連合の大義についての理解と支援を広めるための宣伝活動を行った。当時、ヴォルテールを筆頭に、多くの百科全書派は開明的な君主としてのエカチェリーナに期待をよせ、また彼らの反教権主義的傾向からしても、カトリック信仰と自由の旗の下に結集したバール連合には冷淡であった。こうした中でヴィエルホルスキが白羽の矢を立てたのがルソーである（もう一人、当時ルソーと盗作問題をめぐって対立していたガブリエル・マブリにも同様の依頼がいった）。ルソーは、祖国愛に燃え、また音楽に造詣の深い伯爵の意気に感じるところがあったのだろう、ヴィエルホルスキが自ら策定したとされる統治案に対する助言という形で（本書の題名を直訳すれば『ポーランド統治および企図された改革についての考察』である）一七七〇年から七一年にかけて同書を執筆し、脱稿した。ただし、生前には刊行されず、初版は一七八二年（これは不完全な版で、完全版の刊行は一八〇一年）である。ヴィエルホルスキの奮闘も空しく、バール連合はロシア軍に大敗を喫し、一七七二年、ポーランドの一部領土はプロイセン、オーストリア、ロシアの三国により分割され（第一次ポーランド分割）、残った地域もロシアの保護体制下に置かれた。自由の息づく地としてルソーが期待をかけたコルシカとポーランドは、二つながらにその政治的独立を喪失することになったのである。

立法者ルソー

以上のような経緯で、二つの国の立法者となるに至ったルソーだが、では、立法者としてのルソーの議論の特質とは何か。

『コルシカ』の冒頭でルソーは、統治体（政府）と被統治体（国民）との関係について、統治の形を決めるとき、二つのやり方があると述べる。国民に合わせて統治形態を定めるやり方と、統治形態に合わせて国民を形づくるやり方である。ルソーが「ずっといいやり方」として推奨するのは後者である。このやり方をすれば、政府と国民はつねに同一歩調で変化し、「両者はいつでも互いに調和している」からである（一〇頁）。他方、前者を推奨する論者の代表を一人挙げるとすれば、それはモンテスキューであろう。モンテスキューによれば、「最も自然にかなった統治とは、その独自の性向が統治確立の目的たる人民の性向によりよく適合している統治である」（『法の精神』第一編第三章）。歴史的に形成された国民の個性や地理的・社会的諸条件に適合する形で改革するか。制度の力によって、国民の行動や思考を積極的にある方向に導くという形で改革するか。なるほどここには鮮やかに対立する、改革についての二つの見方がある。

だが、ルソーが第一のやり方を否定していると考えるなら、それは一面的である。国民に合わせて統治形態を定めるやり方のもつ有用性にルソーが目を閉ざしていたとは言えない。『演劇に関するダランベール氏への手紙』（一七五八年執筆）において、法律と国民の習俗との関係を論じる文脈で、ルソーは「それ自体として最良の法律よりも、与えられた状況において許す限りの最良の法を人民に課す」べきだと主張する。国民の習俗とかけ離れた法律は、結局は遵守されない。遵守されない法律は、法律の価値を引き下げる。人びとの間で法律への尊敬の念が失われるくらいなら、今ある混乱を放置する方がましである。プラトンの法律のような純粋な道徳を法律とする、というのは「法学の初学者」が考えがちなことである。「真の立法者の学」とは、法典をその対象となる人民や事案に適合させ、それが執行されたとき確実な効果があがるよう、巧みに案配することなのである。

このように二つのやり方が併存していることを、ルソーの矛盾とみるべきか。必ずしもそうとは言えないであろう。実際、『コルシカ』と『ポーランド』において具体的な改革案を示すルソーは、二つのやり方を組み合わせることで問題に対処しているからである。そもそも、ルソーのみるところ、自由な国家を設立するには、その人民がある程度それにふさわしい性向をあらかじめ備えており、また地理的・社会的条件もそれにふさわしいものでなければならない。法律の力には限界があり、目指すべき国制と国民の性向との距離があまりにも開いているとき、法律の力で一気にその懸崖を乗り越えることは危険である。統治形態に合わせて国民を形づくることが立法者ルソーにとって究極の課題であるとしても、その目標は、与えられた状況における最善の法律によって無理なく国民の習俗を変化させ、その変化をにらんでさらに次の段階におけるより善き法律を制定するという漸進的な道筋を通っても十分実現可能なはずである。

ルソーがコルシカとポーランドに対し、立法者の役割を引き受けたのも、両国が自由な共和国の建設にふさわしいある程度の条件を備えていたからに他ならない。とりわけルソーが重視したのは、両国民の心に燃える（と少なくともルソーは見て取った）自由への愛の存在である。だが、条件を備えているといっても、それはあくまでも相対的にという意味であり、一時期のルソーがジュネーヴに対して抱いたような、過度の理想化は抑制されている。たとえば、コルシカ人の間にみられた盗みや復讐のための殺人の慣習に対するルソーの批判（三五頁）などはその例である。二つの著作で提案される国制からしても、それは『社会契約論』で描かれたほどの純粋な理念型との一致を示すものではない。なるほど、国土の小ささ、貴族身分の廃止や商業の未発達（これらはジェノヴァの支配がもたらしたもので、パオリをはじめコルシカ人にとっては不満の種であった）といった社会的諸条件においてポーランドより条件に恵まれたコルシカについてのルソーの提言は、より理念型としての共和国に近い国制像に接近する。だが、そのコルシカについても、いざ制度の細部についての記述が始まると、『社会契約論』におけるそれのような分かりやすさは良くも悪くも後退する。

混合政体・私有財産・勤労

たとえば、そこに設立される政治体制は『社会契約論』であれほど強く求められたような、市民全員が一堂に会して意思決定を行う体制ではなく、混合政体である。それは、代表制ではないにしろ、純粋な民主政ではないもの、具体的には、地区ごとに集会を開き、政府に権力を受託する（ただし、受託者は頻繁に交替させられる）体制である。『コルシカ』を読む者に強烈な印象を与えるのは、徹底した農業の重視、商業やマニュファクチュアへの強い疑念、ひいては貨幣の廃止による実物経済の推進であろう。税の徴収（特に現物ではなく貨幣での徴収）は最低限に抑え、かわって賦役（公共労働）が国を支えた初期の古代ローマが大いに推奨されている。経済政策に関しては、古代の共和国がモデルとなる部分が多く、たとえば奢侈取締令も提案される。同様に、農地法（土地集積制限法）についても言及されるが、この点についてのルソーの議論には揺れがある。

というのも、ルソーは、既に合法的に私有財産が成立した後に農地法によって土地を遡及的に没収することについては否定的だからである。「いかなる法律も、いかなる個人財産のいかなる部分も没収することはできない」（六五頁）。土地の所有を制限するとすれば、それは既にある私有財産の没収ではなく、現状以上の土地の集積を将来的に阻止するという手段によってのみ可能である。『社会契約論』においては、契約により、各人は自分の財産権を共同体に全面委譲し、すべての土地を共同体の共有財産とすることが求められていた。以後、土地の分配は一般意志の支配下に置かれるのである。コルシカの土地制度に関するルソーの提言が、ここでいう一般意志の支配に相当するものと解釈する余地は十分にあり、二つの作品の間に齟齬があると断定するのは危険だが、現実の改革にあたってルソーが私有財産を廃止すべきだと考えていたわけではないことを――実際、ルソーは私的所有の廃絶は不可能であると明言する（五七頁）――よく示す部分である。

また、『人間不平等起源論』とは異なり、ここでのルソーは、国民が快楽を求めて勤労意欲をかき立てられることに肯定的である。人間を腐敗させる原動力として『不平等論』であれほど糾弾された利己心（amour propre）が、ここでは誇り（orgueil）と虚栄（vanité）の二つに分けられ、前者についてはルソーは積極的にこれを評価する。利己心である以上、いずれも他者からの評価を求める情念であるが、誇りとは、偉大なものを尊ぶ世論に支えられるもので、無価値なものに幻惑される堕落した世論に支えられる虚栄とは一線を画す。労働を尊ぶ国民の正しい世論によって、市民が怠惰な無気力を克服し、勤労によって富や名声を獲得する。このメカニズムが、国家全体に活力を与えるというのである(六六―六八頁)。

自らの原理原則をただ押しつけるのではなく、また逆にそれを際限なく後退させるのでもなく、政治の現場に合わせて柔軟に運用する。『社会契約論』を読むだけでは必ずしも十分に見えてこないルソーの政治論の一側面をここに発見することができる。

連邦政府・代議制・公教育

より現実に即した処方箋を示すという傾向はポーランドについての提言においてさらに加速する。冒頭でポーランドを「かくも奇妙に組織された国家」と描写したルソーは、その複雑かつ精妙な国家の改革には、きわめて慎重であるべきだと述べる。「できることなら、諸君の政体(constitution)の悪弊を正すがよい。しかし諸君をいまの諸君にしたその政体を軽んじてはならない」(一〇三頁)。

ポーランドの面積が大きいということをふまえ、ルソーがポーランドに推奨する国制は連邦制である。広大な国家が小共和国と同じ厳格な統治を実行することを望んでも無駄である。ポーランドが自ら領土を削って小国となれば問題は解決するが、それが不可能な場合の代替策は、三つの地方、もしくは理想的には三十三の諸州のそれぞれを国家とし、諸国家が構成する連邦政府をつくることである。「大国家と小国家の利点を結び合わす唯一の体系」だというのである(一二六頁)。また、ここでのルソーは『社会契約論』で原理的に否定した代表制も許容する。ただし、代表者が陥りやすい危険は買収であり、これを予防するためには、国会の頻繁な開催、選挙人と代表者の関係における命令委任の貫徹、ポーランドの特異な制度である自由拒否権（国会議員の一人でも反対をすれば議会が流会する制度）の廃止が求められる。また、大国には終身の最高の首長としての王が必要であるとし、とはいえこの王が自由の敵となることを防ぐ手だてとして、王の官職任命権を厳しく制限し、また、選挙王政の原理を盤石のものとするため、王位の世襲を徹底的に排除する。ここでのルソーは、ルソーなりに、大きな共和国の設立の可能性を真剣に模索していると言えよう。

ポーランドに対する提言のうち、経済政策に関する言及は相対的に乏しいが、かわってルソーが力を注いだのが教育についての提言である。コルシカの改革案がその農本主義的政策の推進によって、市民の平等化を押し進めようとしたのに対し、ポーランドにおいては教育がその機能を担う。国制上各人は平等であるのだから、貧富の差に左右されず、同一のやり方で共に学ばなければならない。そのためには、無償もしくは安価な公教育制度が必要である。子弟を家庭に閉じこめるのではなく、公教育の場で、「規則、平等、同胞愛、競争に早くから慣れさせ、同国人の眼差のもとに生き、公の称賛を欲するように慣らす」ことが肝要である（二二二頁）。コルシカにおいて、労働を尊ぶ世論が市民の勤労を鼓舞したのと同様、ポーランドでもまた公の賞賛がもたらす競争心や対抗心が国家の活動力を増進すると目される。

平等な条件下で公の称賛を求めて競い合う未来の市民を育成するという公教育の使命は、さらに、以下にみるように「国民」の育成という課題に連動していく。

国民的性格の賦与

『コルシカ』『ポーランド』の両著作に共通する顕著な特色は、そこでルソーが「国民的性格」と呼ぶものに大きな期待をかけていることである。『コルシカ』において、ルソーは立法に際して従うべき第一の準則とは国民的性格であるとする。「およそどんな人民でも、国民的性格を持っており、あるいはそれを持つべきである」（二一八頁）。ここでいう国民的性格とは、ある国民を他の国民と明確に異なるものとする固有の個性のことである。ルソーによれば、それは、その人民が居を定めた土地の性格や、古くからの社会的・家庭的習慣から生み出されるものである。だが、ルソーの議論の鋭さは、こうした国民的性格が実のところ自然に形成されるものではなく、むしろ制度的に形成されるもの、それを維持するために絶えず努力しなければならないことを見抜いている点にこそある。「もしそれ（国民的性格）を欠いている人民があれば、まずもってそれを彼らに賦与することから始めなければなるまい」（二一八頁）。

『ポーランド』において、ルソーが試みることはまさに国民の創成のための方策の提供である。列強に包囲され、矛盾に満ちた法制度・弱体化した軍隊・経済の混乱などによって無政府状態の混乱をつのらせるポーランドにとって唯一の希望となるのは、抑圧者のどんな努力にも屈しない共和国を「ポーランド人の心の中に打ち立てる」ことである。そのために必要な具体的な手段とは、当該国民に固有の習俗、民族衣装、国家が主催する公的な競技・祝祭・祭典、公共の飾り付け、そして何よりも、幼少期より国民的性格を植え付けるための国民（民族）教育の導入である。「一国民の精神と性格、趣味、それに習俗を形づくるもの、その国民であって別の国民でなくさせるもの、根こそぎにすることの不可能な習慣の上に築かれた、あの燃えるような祖国への愛情を吹き込むもの、(中略)それは民族的な諸制度である」(『ポーランド』一一〇―一一一頁)。しばしば、『ポーランド統治論』は、近代ナショナリズムの成立を示す作品であるとみなさてきた。そうした評価は基本的には間違いではない。ただし、ルソーの「ナショナリズム」が、人種といった疑似生物学的な要素を一切含まないものであり、あくまでも人為的な制度としての国民(民族)を維持・強化するという方向性を明確に打ち出した点は、大いに注目に値する。

もちろん、国民的性格は、歴史過程の中で時間をかけて、あたかも「自然」に成立するものであるかにみえる。しかし、それは、自然に任せてただ放置すれば、あるいは当時のフランスのように文化的ヘゲモニーを握る存在に無警戒に接近しすぎれば、簡単に融解してしまうはかないものである。それを押しとどめるために、立法者は政治制度や経済制度の運営に対するのと同様、民族的諸制度の運営に心を配らなければならない。とりわけ、公教育はその格好の媒体となるであろう。

「今日ではもう、人が何と言おうが、フランス人もドイツ人もスペイン人も、イギリス人さえも、いない。いるのはヨーロッパ人だけだ」(一一一頁)。一七七〇年代の初頭にルソーはこのような警告を発した。この警告を真剣に受けとめたかのように、まもなく勃発したフランス革命を一つのきっかけとし、近代国民国家という政治の単位がドミノ倒しの駒のようにヨーロッパを、さらには世界を覆っていく。そこでは、政治の主体である市民に国民としての自覚をもたせ、国民的な統合を促進する方策が本格的に追求されるようになる。

コルシカとポーランド。その自由への熱烈な愛にもかかわらず、政治的独立を脅かされ、やがてそれを失う二つの国の政治の現場にはからずも関わることになったルソーは、いち早く次の時代を支配するリアルな政治の論理を予見したと言えるのではないか。

白水iクラシックス発刊にあたって

「この現にあるがままの世界が最善のものであるとすれば、さらに幸福な将来を望むことはできない」。

一七五五年十一月一日、巨大な地震が西ヨーロッパを襲いました。とりわけ、当時繁栄を極めたポルトガルの港湾都市リスボンでは、数次にわたる激震と、それに伴う津波と火災で多くの犠牲者を出しました。

冒頭の言葉は、リスボンの被害に衝撃を受けたヴォルテールの所感です。かれの悲痛な叫びによって、この地震の評価は論争の焦点となり、ここに次なる時代を導く新たな萌芽が顕在化してきました。

白水iクラシックスは、哲学・思想の古典をアーカイブしてゆく叢書です。収録される古典はどれも、ある社会の岐路に可能性として萌し、世代を越え時代を越え、思いがけない枝を伸ばしながら実を結び、そして幾たびも蘇ってきた、いわば思惟の結晶といえるものです。

いま「幸福」と「希望」の根源的再考が求められています。〈i＝わたし〉を取り巻く世界を恢復する一助として、この叢書が資することを願っています。

二〇一二年三月十一日　白水社

川出良枝（かわで・よしえ）
東京大学大学院法学政治学研究科博士課程修了。博士（法学）。放送大学教養学部、東京都立大学法学部を経て、現在、東京大学大学院法学政治学研究科教授。専門は政治思想史・政治理論。『貴族の徳、商業の精神――モンテスキューと専制批判の系譜』（東京大学出版会）で渋沢・クローデル賞。

遅塚忠躬（ちづか・ただみ）
一九三二〜二〇一〇年。東京大学文学部卒業。同大社会科学研究所助手を経て、東京都立大学人文学部、東京大学文学部、お茶の水女子大学文教育学部で教授を歴任。東京都立大学、お茶の水女子大学名誉教授。著書に『フランス革命』（岩波ジュニア新書）、『フランス革命を生きた「テロリスト」』（ＮＨＫブックス）。

永見文雄（ながみ・ふみお）
一九四七年生まれ。東京大学大学院人文科学研究科博士課程中退。現在、中央大学文学部教授。専門は思想史。著書に『菩提樹の香り』（中央大学出版部）他。最新刊に『ジャン＝ジャック・ルソー　自己充足の哲学』（勁草書房）がある。

〈白水iクラシックス〉
ルソー・コレクション

政治

二〇一二年八月一五日印刷
二〇一二年九月一〇日発行

著者　ジャン＝ジャック・ルソー
選者　©川出良枝
訳者　©遅塚忠躬＋永見文雄
装丁　緒方修一
発行者　及川直志
発行所　株式会社白水社
電話　〇三-三二九一-七八一一（営業部）七八二一（編集部）
住所　〒一〇一-〇〇五二　東京都千代田区神田小川町三-二四
http://www.hakusuisha.co.jp
振替　〇〇一九〇-五-三三二二八
印刷所　株式会社三秀舎
製本所　加瀬製本

乱丁・落丁本は送料小社負担にてお取り替えいたします。

Printed in Japan
ISBN978-4-560-09603-1

白水*i*クラシックス

ルソー・コレクション

選・解説＝川出良枝

ルソー・コレクション 起源

（「人間不平等起源論」「言語起源論」収録）

原好男、竹内成明訳

ルソー・コレクション 文明

（「学問芸術論」「政治経済論（統治論）」「ヴォルテール氏への手紙（摂理に関する手紙）」他収録）

山路昭、阪上孝、宮治弘之、浜名優美訳

ルソー・コレクション 政治

（「コルシカ国制案」「ポーランド統治論」収録）

遅塚忠躬、永見文雄訳

ルソー・コレクション 孤独

（「孤独な散歩者の夢想」「マルゼルブ租税法院院長への四通の手紙」収録）

＊2012年9月下旬刊 佐々木康之訳

社会契約論

ジャン＝ジャック・ルソー 作田啓一訳

名訳で贈る、『社会契約論』の決定版。民主主義の聖典か、はたまた全体主義思想の先駆けか。民主主義を支えるのは、神に比される立法者、それとも「市民宗教」？ 解説＝川出良枝 〈白水Uブックス〉

ルソー 市民と個人

作田啓一

「人は父親殺しによって象徴される〈父〉との別離の罪を償わなければならない」。ルソーの矛盾に満ちた思想と行動を精神分析や行為理論を駆使して解剖した記念碑的著作。解説＝鶴見俊輔 〈白水Uブックス〉

革命宗教の起源

アルベール・マチエ 杉本隆司訳

理性の祭典や最高存在の祭典をはじめ異様な「祭り」に興じたフランス大革命。これらの出来事は狂信的なテロルとともに、輝かしい革命の「正史」からの逸脱として片付けていいのか？ 解説＝伊達聖伸 〈白水*i*クラシックス〉